Daniel Bialas

Analyse der Einführung von Mobile Ticketing im deutschen

GRIN - Verlag für akademische Texte

Der GRIN Verlag mit Sitz in München hat sich seit der Gründung im Jahr 1998 auf die Veröffentlichung akademischer Texte spezialisiert.

Die Verlagswebseite www.grin.com ist für Studenten, Hochschullehrer und andere Akademiker die ideale Plattform, ihre Fachtexte, Studienarbeiten, Abschlussarbeiten oder Dissertationen einem breiten Publikum zu präsentieren.

Daniel Bialas

Analyse der Einführung von Mobile Ticketing im deutschen Regional- und Fernverkehr

GRIN Verlag

Bibliografische Information der Deutschen Nationalbibliothek: Die Deutsche Bibliothek
verzeichnet diese Publikation in der Deutschen Nationalbibliografie; detaillierte bibliografische Daten sind im Internet über http://dnb.d-nb.de/ abrufbar.

1. Auflage 2009
Copyright © 2009 GRIN Verlag
http://www.grin.com/
Druck und Bindung: Books on Demand GmbH, Norderstedt Germany
ISBN 978-3-640-89582-3

VIRTUELLER WEITERBILDUNGSSTUDIENGANG
WIRTSCHAFTSINFORMATIK, UNIVERSITÄT BAMBERG

ANALYSE DER EINFÜHRUNG VON MOBILE TICKETING IM
DEUTSCHEN REGIONAL- UND FERNVERKEHR

ANALYSIS OF THE IMPLEMENTATION OF MOBILE
TICKETING IN SHORT- AND LONG-DISTANCE PUBLIC
TRANSPORTATION IN GERMANY

PROJEKTARBEIT

IM PFLICHTMODUL
ORGANISATION & MANAGEMENT (BETRIEBSWIRTSCHAFTSLEHRE)

VERFASSER
Daniel Bialas

THEMENSTELLER
Otto-Friedrich-Universität Bamberg

ABGABE
8. Oktober 2009

ABBILDUNGSVERZEICHNIS

TABELLENVERZEICHNIS

ABKÜRZUNGSVERZEICHNIS

AG .... Aktiengesellschaft
ASK .... Amplitude Shift Keying (= Amplitudenumtastung)
AVD .... Anbahnung, Vereinbarung, Durchführung
CDC .... Connected Device Configuration
CLDC .... Connected Limited Device Configuration
CRM .... Customer Relationship Management
E-Business .... Electronic Business
E-Commerce .... Electronic Commerce
EDGE .... Enhanced Data Rate for GSM Evolution
EFM .... elektronisches Fahrgeldmanagement
E-Geld .... elektronisches (digitales) Geld
ePK .... ereignisgesteuerte Prozessketten
GmbH .... Gesellschaft mit beschränkter Haftung
GP .... Geschäftsprozess
GPRS .... General Paket Radio Service
GSM .... Global System for Mobile Communications
HSCSD .... High Speed Circuit Switched Data
HSDPA .... High Speed Downlink Packet Access
IAS .... Interaktionsschema
ICE .... Intercity-Express
IVR .... Interactive Voice Response
Java ME .... Java Micro Edition
Java SE .... Java Standard Edition
JCP .... Java Community Process
JVM .... Java Virtual Machine
Kd. .... Kunde
MB .... Megabyte
M-Business .... Mobile Business
MC .... Mobile Commerce
MHz .... Megahertz
MIDP .... Mobile Information Device Profile
MMS .... Multimedia Messaging Service
MP .... Mobile Payment
M-Payment .... Mobile Payment
MPSP .... Mobile Payment Service Provider
M-Ticketing .... Mobile Ticketing
NFC .... Near Field Communication
ÖBB .... Österreichische Bundesbahn
ÖPFV .... öffentlicher Personenfernverkehr

EINFÜHRUNG

Das Mobiltelefon ist heute aus dem öffentlichen Leben nicht mehr wegzudenken. Laut Statistischem Bundesamt besitzen 86,3% der Deutschen mindestens ein Handy.[1] Die große Verbreitung und die Leistungsfähigkeit der mobilen Endgeräte (Kapitel 3.2.1, S. 15) eröffnet über das reine Telefonieren hinaus eine Vielzahl zusätzlicher Anwendungsfelder.

Dem Mobile Business (Kapitel 2.3.3, S. 4) und seinen mobilen Datendiensten werden dabei große Zukunftschancen vorhergesagt. Trotz Wirtschaftskrise verzeichnet die Branche 2009 ein zehnprozentiges Marktwachstum. *„Die Bürger und Unternehmen geben in diesem Jahr EU-weit 32,6 Milliarden und im kommenden Jahr 36,0 Milliarden Euro für mobile Datendienste aus"*[2]. Die Bundesrepublik ist dabei mit 5,2 Milliarden Euro nach Großbritannien der zweitgrößte Markt in Europa.

In der vorliegenden Projektarbeit wird mit dem Mobile Ticketing (in Deutschland) eine zentrale Anwendung bzw. ein zentraler Teilbereich des Mobile Business beleuchtet. Der Fokus liegt dabei auf der Nutzung von Mobiltelefonen als Ticketmedium. Die Variante des Mobile bzw. Electronic Ticketing unter Verwendung von Chipkarten wird in dieser Arbeit aufgrund des höheren finanziellen und infrastrukturellen Aufwands bei der Einführung nicht betrachtet. In Kapitel 2 (S. 2) werden dann eine Erklärung der grundlegenden Fachbegriffe und eine Themaeinordnung vorgenommen. Kapitel 3 (S. 11) betrachtet das Thema Mobile Ticketing aus den fünf Perspektiven der Wirtschaftsinformatik (nach Ferstl). Die gesellschaftliche Sicht (Kapitel 3.1, S. 11) legt den Fokus auf die Ziele, Werte und Präferenzen des Gesellschaftsbereichs in dem sich das Unternehmen bzw. das Projekt befindet.

In Kapitel 3.2 (S. 14) wird die für das Mobile Ticketing nötige IT-Infrastruktur (= technologische Sicht) untersucht. Die ökonomische Sicht (Kapitel 3.3, S. 24) durchleuchtet das Geschäftsmodell hinter dem Mobile Ticketing. In Kapitel 3.4 (S. 30) wird ein Referenz-Geschäftsprozessmodell für die generellen Abläufe im Mobile Ticketing mit Hilfe der semantischen Objektmodellierung (SOM) erarbeitet. Aktuell bereits realisierte Umsetzungen von Mobile Ticketing werden in Kapitel 3.5 (S. 38) erörtert. Kapitel 4 (S. 40) bildet den Abschluss der Projektarbeit und gibt einen Ausblick auf zwei Ansatzpunkte (Forschungsprojekte) Mobile Ticketing in Zukunft noch einfacher realisieren zu können.

---

1 vgl. https://www-ec.destatis.de/csp/shop/sfg/bpm.html.cms.cBroker.cls?cmspath=struktur,
vollanzeige.csp&ID=1023174, Ausstattung privater Haushalte mit ausgewählten Gebrauchsgütern –
Fachserie 15, Heft 1 – 2008, S. 17; abgerufen am 03.08.2009
2 siehe http://www.channelpartner.de/knowledgecenter/tk-business/279674/; abgerufen am
17.07.2009

GRUNDLAGEN: THEMAEINORDNUNG, BEGRIFFSPAARE, DEFINITIONEN

Als Einstieg in die Thematik des Mobile Ticketing sollen die theoretischen, wissenschaftlichen Grundlagen verständlich gemacht werden. Dafür wird im Folgenden eine Einordnung des Mobile Ticketing in seinen theoretischen Hintergrund (Kapitel 2.1, S. 2) gegeben. Anschließend werden die beiden grundlegenden Begriffspaare „Business"/"Commerce" bzw. „Electronic"/"Mobile" und ihre Abgrenzungen erläutert (Kapitel 2.2, S. 2). Das Grundlagen-Kapitel endet mit der Erklärung der notwendigen und häufig verwendeten (Grund-)Begriffe/Definitionen (Kapitel 2.3.1, 2.3.2, 2.3.3, 2.3.4, 2.3.6 und 2.3.7) und der dort möglichen Beziehungsformen (Kapitel 2.3.5).

2.1 EINORDNUNG VON MOBILE TICKETING IN E-BUSINESS/E-COMMERCE

M-Ticketing wird hier aus der Sicht der Betriebswirtschaftslehre bzw. des dortigen Teilbereichs **Electronic Business / Electronic Commerce** (Kapitel 2.3.1 und 2.3.2) behandelt. Dieses Themengebiet beinhaltet wiederum das **Mobile Business** (Kapitel 2.3.3). Electronic bzw. Mobile Business lassen sich nach dem **4C-Net-Business-Model** (Kapitel 3.3.3) in die **vier Typologien (Geschäftskonzepte) Content, Context, Connection** und **Commerce** untergliedern. Letztere umfasst schließlich die Anwendungen **Mobile Ticketing** (Kapitel 2.3.6) und **Mobile Payment** (Kapitel 2.3.7). Abbildung 1 verdeutlicht diese Zusammenhänge grafisch.

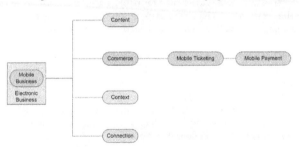

Abbildung 1: eigene Darstellung zur fachlichen Einordnung des Themas Mobile Ticketing (siehe auch Kapitel 3.3.3)

2.2 GRUNDLEGENDE BEGRIFFSPAARE

Vor der Befassung mit den zentralen Definitionen für diese Projektarbeit (Kapitel 2.3) ist es sinnvoll sich mit den dort häufig auftauchenden Begriffspaaren „Business"/"Commerce" (Kapitel 2.2.1) und „Electronic"/"Mobile" (Kapitel 2.2.1) zu beschäftigen. Eine Abgrenzung dieser Grundbegriffe erleichtert den Einstieg in die Fachterminologie.

2.2.1 Unterscheidung „Business" und „Commerce"

Buse und Tiwari subsummieren unter dem Begriff *„Business" alle Aktivitäten, „die von einem Unternehmen vorgenommen werden, um Güter und Dienstleistungen zu erzeugen und zu verkaufen"* (siehe Buse und Tiwari 2008, S. 23, 24). Auch nicht-kommerzielle Prozesse wie etwa Beschaffung, Produktion oder Pflege von Kundenbeziehungen („Customer Relationship Management") zählen hierzu. Der Fachausdruck „Commerce" wird dagegen als Teilmenge der „Business"-Aktivitäten gesehen. Der Fokus liegt dabei auf dem *„Kauf bzw. Verkauf von Gütern und Dienstleistungen sowohl im Geschäftskunden- als auch im Endkundensegment"* (siehe Buse und Tiwari 2008, S. 24).

2.2.2 Unterscheidung „Electronic" und „Mobile"

Im Zusammenhang mit dem vorliegenden Thema fallen häufig auch die Fachworte „Electronic" und „Mobile". Unter „Electronic" verstehen Buse und Tiwari einen zeitlich uneingeschränkten – allerdings stationären – *„Zugang zu Geschäftsprozessen mit Hilfe von computerbasierten bzw. -vermittelten Netzwerken"* (siehe Buse und Tiwari 2008, S. 24). Im Unterschied dazu bezeichnet das Adjektiv „Mobile" *„den nicht nur zeitlich, sondern auch räumlich unbegrenzten Zugang zu den Geschäftsprozessen"* (siehe Buse und Tiwari 2008, S. 25). Realisiert wird dieser von der Position des Nutzers unabhängige Dienst durch mobile Telekommunikationsnetzwerke (siehe Kapitel 3.2.2).

2.3   ZENTRALE DEFINITIONEN

In Kapitel 2.1 wurden bereits relevante Fachbegriffe genannt. Aufbauend auf dem Wissen um die zentralen Begriffspaare aus Kapitel 2.2 lassen sich nun diese Fachtermini genauer spezifizieren und definieren.

2.3.1   Electronic Business

Auf oberster Stufe betrachtet die klassischen Betriebswirtschaft in diesem Fall das Electronic Business. Wirtz versteht darunter die *„Anbahnung sowie die teilweise respektive vollständige Unterstützung, Abwicklung und Aufrechterhaltung von Leistungsaustauschprozessen mittels elektronischer Netze"* (siehe Wirtz 2001, Seite 34). Oder kürzer: Electronic Business ist *„jeder Prozess, der seitens einer geschäftlichen Organisation über computervermittelte Netzwerke vorgenommen wird"* (siehe Buse und Tiwari 2008, S. 26). Gemäß Buse und Tiwari gehören zum E-Business dabei folgende Vorgänge (vgl. Buse und Tiwari 2008, S. 26):

- Aufbau und Unterhaltung von Kundenbeziehungen
- Electronic Commerce
- Auftragsabwicklung
- Sendungsverfolgung
- Eingangs- und Ausgangslogistik

- Lagerhaltungskontrolle
- Finanz-, Budget- und Kontenbuchführung
- Personalwesen
- Kundendienst
- Reparaturservice
- Forschung und Entwicklung sowie
- Wissensmanagement

2.3.2 Electronic Commerce

Die beiden Begriffe Electronic Business (im Folgenden nur noch kurz E-Business genannt) und Electronic Commerce (kurz E-Commerce) werden häufig gleichbedeutend verwendet. Während E-Business **alle Geschäftsprozesse** (siehe Kapitel 2.3.1, S. 3), *„die über das Internet oder über ein firmeneigenes Netzwerk – das Intranet – abgewickelt werden"* (siehe Kirn 2002, Seite 11-12), umfasst, versteht Kirn unter E-Commerce lediglich Präsentation und Absatz von Waren oder Dienstleistungen samt Abwicklung der Transaktion und Zahlung. *„Auch der Austausch weitergehender Informationen für einen umfassenden Kundennutzen und Service sind mit eingeschlossen. E-Commerce ist folglich eine Teilmenge von E-Business".* (siehe Kirn 2002, Seite 11-12)

Im E-Business sieht Wirtz neben dem E-Commerce u. a. noch die Aktivitäten E-Information/E-Entertainment, E-Education, E-Communication und E-Collaboration (siehe Wirtz 2001, Seite 39). Auf diese Teilbereiche wird in der vorliegenden Arbeit nicht näher eingegangen.

2.3.3 Mobile Business

„Der Begriff Mobile Business oder M-Business umfasst alle Aktivitäten, Prozesse und Applikationen, welche mit mobilen Technologien realisiert werden können. Beim M-Business finden die Geschäftsbeziehungen mittels mobiler Geräte statt. M-Business kann als Untermenge des E-Business verstanden werden, wobei Informationen beim M-Business zeitunabhängig und ortsunabhängig zur Verfügung stehen" (siehe Meier und Stormer 2008, Seite 211). Wirtz bezeichnet demnach M-Business kurz als *„PC-unabhängige Form des Electronic Business* (siehe Wirtz 2001, Seite 43)".

Lehner rechtfertigt aber eine **Unterscheidung zwischen E-Business und M-Business** aufgrund der unterschiedlichen Technologien und aufgrund unterschiedlicher Geschäftsmodelle. *„Mobile Endgeräte (siehe Kapitel 3.2) besitzen eine Reihe spezifischer Eigenschaften, die eine Differenzierung der Geschäftsmodelle notwendig und möglich machen:*

- *Mobilität – die Benutzer haben an jedem Ort und zu jeder Zeit Zugang zu mobilen Netzen.*
- *Erreichbarkeit – die Benutzer sind jederzeit erreichbar.*
- *Lokalisierung – mobile Geräte können lokalisiert werden.*
- *Identifikation – mobile Geräte sind einzelnen Benutzern eindeutig zugeordnet"* (siehe Lehner et al. 2008, Seite 312).

Aufgrund dieser speziellen Eigenschaften der mobilen Endgeräte ist Mobile Business **nicht nur – wie oben angesprochen – als Teilmenge oder Erweiterung des Electronic Business** (z.B. der Dienst Ticketkauf kann sowohl im E- als auch im M-Business angeboten werden) anzusehen. Tatsächlich bietet es *„zusätzlich einige neue, einzigartige Dienste wie orts- und situationsabhängige Inhalte"* (siehe Buse und Tiwari 2008, S. 32) – z.B. location-based Services (siehe Kapitel 4, S. 40). In Abbildung 2 auf Seite 6 wird dieser Sachverhalt durch eine nicht exakte Überlappung des M-Business durch das E-Business Rechnung getragen.

2.3.4 Mobile Commerce

Die Begriffe Mobile Business und Mobile Commerce werden in Wissenschaft und Praxis gerne synonym verwendet. Inhaltliche Übereinstimmung besteht dahingehend, dass bei beiden Fachtermini mobile Endgeräte und Mobilfunk- bzw. andere drahtlose Netze zum Einsatz kommen. Reichardt sieht im Mobile Commerce streng genommen eine **konsumentenorientierte Teilmenge** (z.B. Handelstransaktionen) des Mobile Business (vgl. Reichardt 2008, S. 129, 130). Für Buse und Tiwari umfasst M-Commerce demnach *„jede Transaktion, die mit einer Übertragung von Eigentums- oder Nutzungsrechten verbunden ist und über die Nutzung eines mobilen Zugangs zu computervermittelten Netzwerken per elektronischem Endgerät angebahnt und/oder beendet wird"* (siehe Buse und Tiwari 2008, S. 34).

Das Verhältnis zum korrespondierenden Begriff E-Commerce ist ähnlich wie das Verhältnis der Begriffe E- und M-Business untereinander (vgl. Kapitel 2.3.3, S. 5 bzw. Abb. 2). Auch hier gibt es **Dienste, die sowohl im E- als auch im M-Commerce einsetzbar sind**. Darüberhinaus gibt es aber auch **reine M-Commerce-Anwendungen**. Das Fachgebiet Mobile Commerce ist demzufolge sehr vielschichtig und bietet eine Vielzahl von Anwendungen. Das in dieser Arbeit charakterisierte Mobile Ticketing (Kapitel 2.3.6) stellt nur einen dieser Dienste dar (siehe Tabelle 1).

Anwendungsbereiche	Beispiele möglicher Dienste
Mobile Ticketing	o Fahrscheine: Öffentlicher Personennahverkehr, Flug- und Fernbahnverkehr o Eintrittskarten: Sport- und Kulturveranstaltungen o Zahlungsbeleg: Mobile Payment
Mobile Entertainment	o Download mobiler Spiele o Download von Musik und Klingeltönen o Herunterladen von Videos und Hintergrundbildern o Mobile Wettspiele
Mobile Informationsdienste	o Mobiler Zugriff auf redaktionelle Inhalte o Zugriff auf Datenbanken mit redaktionell aufbereiteten Informationen
Mobile Banking	o Mobile Kontoführung o Mobile Brokerage
Mobile Marketing	o Direktmarketing o Permission Marketing o Mobile Couponing
Mobile Shopping	o Kauf von Gütern und Diensten über mobile Endgeräte
Telematik-Dienste	o Ferndiagnose und Fernwartung o Navigationsdienste o Fahrzeugtracking und Diebstahlschutz o Ortung von Personen o Notruf- und Pannenservice

Tabelle 1: Anwendungsbereiche und Dienste im Mobile Commerce (entnommen von Buse und Rajnish 2008, S. 69)

Mit Abbildung 2 wird das Verhältnis der vorweg geschilderten Begriffe E-Business (Kapitel 2.3.1), E-Commerce (Kapitel 2.3.2), M-Business (Kapitel 2.3.3) und M-Commerce (Kapitel 2.3.4) grafisch noch einmal zusammengefasst.

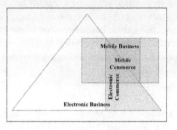

Abbildung 2: Abgrenzung der Fachbegriffe im Electronic Business (entnommen von Buse und Tiwari 2008, S. 36)

2.3.5 Beziehungen im Electronic bzw. Mobile Commerce

Am Electronic bzw. Mobile Commerce sind **Leistungsanbieter** (Händler) und **Leistungsnachfrager** (Konsumenten, Kunden, Käufer) beteiligt. Beide Geschäftspartner sind juristische Personen und gehören immer zu einer der folgenden Kategorien (vgl. Merz 2002, S. 22):

* natürliche Personen (**Consumer**)
* Organisationen (**Business**) – z.B. Unternehmen, Vereine
* staatliche Körperschaften (**Administration**) – z.B. Behörden, Ministerien

Je nachdem, zu welcher dieser Ausprägungen die beiden Beteiligten gehören, kann es zu unterschiedlichen Formen einer solchen Zweierbeziehung kommen. Abbildung 3 zeigt die dabei möglichen Beziehungsformen.

		Leistungsnachfrager		
		Consumer	Business	Administration
Leistungsanbieter	Consumer	Consumer-to-Consumer (C2C) z.B. Kleinanzeige auf einer persönlichen Homepage	Consumer-to-Business (C2B) z.B. Webseite mit persönlichem Fähigkeitsprofil	Consumer resp. Citizen-to-Administration (C2A) z.B. Bürger bewertet öffentliches Umweltprojekt
	Business	Business-to-Consumer (B2C) z.B. Produkte und Dienstleistungen in einem eShop	Business-to-Business (B2B) z.B. Bestellung bei Lieferanten (Supply Chain)	Business-to-Administration (B2A) z.B. elektronische Dienstleistungen für öffentliche Verwaltungen
	Administration	Administration-to-Consumer resp. Citizen (A2C) z.B. Möglichkeit für elektronische Wahlen	Administration-to-Business (A2B) z.B. öffentliche Ausschreibung von Projektvorhaben	Administration-to-Administration (A2A) z.B. Zusammenarbeitsformen virtueller Gemeinden

Abbildung 3: mögliche Beziehungsformen im E- bzw. M-Commerce (entnommen von Meier und Stormer 2008, S. 3)

Das in dieser Arbeit thematisierte Mobile Ticketing (Kapitel 2.3.6) ist dabei der Beziehungsform **Business-to-Consumer** (B2C) zuzurechnen. Die beteiligten Geschäftspartner sind dabei das Transportunternehmen (Business) und der Fahrgast/Endkunde (Consumer).

2.3.6 Mobile Ticketing

Das Mobile Ticketing (kurz M-Ticketing) ist Teil des Geschäftsprozesses öffentlicher Personenverkehr (siehe Abbildung 4). Mit dieser M-Commerce-Anwendung (siehe Tabelle 1, S. 5) lassen sich die Transaktionsphasen (vgl. Ferstl und Sinz 2006, S. 63) **Anbahnung** (= Kontaktaufnahme), **Vereinbarung** (= Vereinbarung eines Leistungstransfers) und Teile der **Durchführung** (= Ticket/Transportleistung/Kontrolle und Bezahlung) voll digitalisieren und mobil abwickeln – falls auch auf eine M-Payment-Lösung (siehe S. 8) zurückgegriffen wird. Lediglich die eigentliche Transportleistung (z.B. mit Bus oder Bahn) findet dabei außerhalb der digitalen Welt statt.

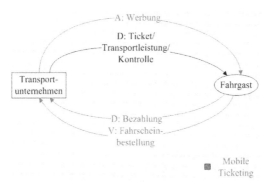

Abbildung 4: Interaktionsschema für den Geschäftsprozess öffentlicher Personenverkehr

Begriffserklärung
Für Hülskamp und Buse ersetzt das Moblie Ticketing *„die herkömmliche Eintrittskarte bzw. den Fahrschein aus Papier durch eine elektronische Information, die an mobile Endgeräte versendet, darauf gespeichert und – ggf. mit Hilfe weiterer (mobiler) Endgeräte – kontrolliert werden kann"* (siehe Hülskamp und Buse 2008, S. 549). Einsatzorte für mobile Tickets sind überall dort *„wo eine Authentifizierung des Nutzers erforderlich ist, bevor eine kostenpflichtige Dienstleistung in Anspruch genommen (z.B. eine Zugfahrt) oder der Zugang zu einem kostenpflichtigen Bereich gewährt wird (z.B. Eintritt zu einem Musikkonzert)"* (siehe Hülskamp und Buse 2008, S. 549). Hauptaugenmerk dieser Arbeit ist der Einsatz mobiler Tickets im Personennah- bzw. fernverkehr. Zlabinger und andere räumen diesem Konzept sehr gute Zukunftschancen ein (vgl. Zlabinger und Höller 2004, S. 118).

Arten mobiler Tickets

Meier unterscheidet beim M-Ticketing zwei technologische Verfahrensweisen (vgl. Meier und Stormer 2008, S. 222):

- PTD-**Ticket (personal trusted device)**: Hier wird der Fahrschein direkt auf das Endgerät des Kunden übertragen – z.B. als Barcode (siehe Abbildung 29, S. 37) mittels MMS/SMS. Die Überprüfung erfolgt dann ohne Online-Verbindung zu einem Server oder Hintergrundsystem per Sichtkontrolle oder mit einem externen Lesegerät. Die aktuellen M-Ticketing-Umsetzungen im Nah- und Fernverkehr aus Kapitel 3.5 (S. 38) verwenden PTD-Tickets als Grundlage.
- **Virtual Ticket**: Beim Fahrscheinkauf wird automatisch ein sogenanntes virutelles Ticket auf dem Hintergrundsystem (Server) des Anbieters erzeugt und abgelegt. Dieser Vorgang wird dem Fahrgast per SMS bestätigt. Die Fahrscheinkontrolle erfolgt durch Kontaktieren des Hintergrundsystems. Es muss dabei z.B. geprüft werden, ob zu der vorgelegten Bestätigungs-SMS tatsächlich ein virtuelles Ticket im Hintergrundsystem mit der Fahrberechtigung für den aktuellen Zug und Zeitpunkt existiert. *„Dafür sind (mobile) Endgeräte notwendig, die mit dem Hintergrundsystem über (mobile) Datenübertragung in Verbindung treten können, um das jeweilige Ticket zu verifizieren. Der mobile Datenabgleich ist mit Datenübertragungstechnologien* (vgl. Kapitel 3.2.2) *wie GPRS, EDGE oder UMTS möglich"* (siehe Hülskamp und Buse 2008, S. 550-552). Die beiden im Ausblick (Kapitel 4, S. 40) vorgestellten Mobile-Ticketing-Forschungsprojekte favorisieren eher diese Verfahrensweise.

Auch Mischformen aus beiden Verfahren sind denkbar.

2.3.7 *Mobile Payment*

Definition Mobile Payment

Eng im Zusammenhang mit Mobile Ticketing (siehe Kapitel 2.3.6, S. 7) ist auch der Teilbereich Mobile Payment (Mobiles Bezahlen) zu sehen (vgl. Speidel und Eberspächer 2007, S. 101). Poustachi definiert Mobile Payment als *„diejenige Art der Abwicklung von Bezahlvorgängen, bei der im Rahmen eines elektronischen Verfahrens mindestens der Zahlungspflichtige mobile Kommunikationstechniken (in Verbindung mit mobilen Endgeräten) für Initiierung, Autorisierung oder Realisierung der Zahlung einsetzt"* (siehe Pousttchi 2003, S. 410). Die Vor- und Nachteile, die mobile Endgeräte bieten, werden in Tabelle 2 deutlich.

Stärken	Schwächen
weit verbreitet	in Gebäuden oft schlechter Empfang
beliebt	geht eher verloren als eine Zahlungskarte
personenbezogen	Zahlung meist nicht anonym
immer und überall dabei	Hard- und Software relativ unflexibel
erlaubt Sprach- und Textkommunikation	hohe Kosten für M-Payment-Betreiber (je nach Verfahren)
einfach zu bedienen	Abrechnung von Roaming wird komplexer
sicher (SIM-PIN, GSM-Netz, Aufbewahrung)	erhöhte Kreditrisiken für Betreiber (je nach Verfahren)
Bezahlen für Gesprächszeit ist erprobt	
Mobilfunkanbieter kennt Kunden, ist trusted third party	

Tabelle 2: Stärken und Schwächen des Mobiltelefons als Zahlungsmittel (siehe Silberer et al. 2002, S. 331)

Anwendungsgebiete für das Mobile Payment
Das Mobile Bezahlen kann innerhalb und außerhalb des Mobile Commerce (siehe Kapitel 2.3.4, S. 5) in folgenden vier Szenarien zum Einsatz kommen (vgl. Kreyer et al. 2002, S. 3):

*   **Mobile Commerce:**
    Hier wird das Mobile Payment zur Bezahlung eines mobilen Angebots (wie z.b. Klingelton oder Spiel für bzw. auf dem Handy) genutzt.
*   **Electronic Commerce:**
    Waren oder Dienstleistungen (z.b. öffentliche Transportdienstleistung), die über das Internet gekauft wurden, lassen sich mit E- bzw. M-Payment-Lösungen bezahlen.
*   **Stationärer Händler:**
    –   **Person:**
        Das Mobiltelefon kann auch als Zahlungsmittel beispielsweise an Tankstellen, im Taxi oder in Geschäften eingesetzt werden.
    –   **Automat:**
        Beim Einsatz an einem Automaten (z.b. für Zigaretten) bieten M-Payment-Lösungen noch einen weiteren Vorteil: sie können noch vor der Transaktion das Mindestalter des Kunden überprüfen (das Geburtsdatum des Kunden muss beim Abschluss eines Mobilfunkvertrages nachgewiesen werden). Weitere Erleichterungen bietet hier die Near-Field-Technologie (siehe Kapitel 3.2.2.4).
*   **Customer-to-Customer:**
    Denkbarer Einsatz hier wäre z.b. die Übertragung von Guthaben vom Mobiltelefon der Eltern auf das Mobiltelefon eines Kindes als Taschengeld (Zahlung zwischen Privatpersonen).

Das **Mobile Ticketing** setzt auf die Bezahlszenarien **Electronic Commerce** (Fahrschein wurde über das Internet gekauft) und **Stationärer Händler** (Fahrschein wurde am Automaten oder an einer Verkaufsstelle gekauft).

MPSP **und ihre Lösungen**
Es gibt eine Vielzahl Anbieter mobiler Payment-Lösungen. Die wichtigsten Gruppen von **Mobile Payment Service Provider** (kurz: MPSP) sind (vgl. Silberer et al. 2002, S. 343):

*   **Banken und Finanzdienstleister** (z.B. Deutsche Bank und Luup International[1])
*   **Mobilfunkanbieter und Mobiltelefonhersteller** (z.B. T-Pay[2], MPass[3])
*   **Intermediäre/Payment-Startup-Unternehmen** (z.B. Paybox[4])

---

1 siehe https://www.luup.com/corporate/pressroom-press-deutschebank.html; abgerufen am 16.05.2009
2 siehe http://www.t-pay.de; abgerufen am 16.05.2009
3 siehe http://www.mpass.de; abgerufen am 16.05.2009
4 siehe http://www.paybox.at; abgerufen am 16.05.2009

Geschäftsprozess beim mobilen Bezahlen

Abbildung 5 zeigt vereinfacht den Ablauf einer mobilen Bezahl-Transaktion, wie er den meisten MP-Lösungen zugrunde liegt.

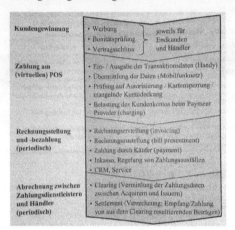

Abbildung 5: Geschäftsprozess des Mobile Payments (entnommen von Silberer et al. 2002, S. 332)

Abrechnungs- und Bezahlvarianten

Die MP-Produkte der genannten Anbieter(gruppen) nutzen dafür eine oder mehrere der folgenden **Abrechnungsarten** (vgl. Lammer 2006, S. 369):

- **Abrechnung über die Mobilfunkrechnung**
  Die Zahlung erfolgt durch Aufnahme eines Buchungspostens bei Mobilfunk-Vertragskunden bzw. durch Abzug vom Guthaben bei Prepaid-Kunden.

- **Lastschrift**
  Nach vorheriger Erteilung einer Einzugsermächtigung löst das MP-System zur Bezahlung automatisch eine Abbuchung vom Girokonto des Kunden aus.

- **Kreditkarte**
  Hier wird zur Zahlung ein neuer Buchungsposten auf der Kreditkarten-Rechnung des Kunden erzeugt (nach vorheriger Bekanntgabe/Registrierung der Kreditkarten-Daten).

- **separate MP-(Monats-)Rechnung**
  Der MPSP erstellt z.B. monatlich – nach dem Vorbild der Kreditkarten-Rechnung – eine eigene Rechnung und übermittelt diese zur Begleichung an den Kunden.

- **Nutzung von E-Geld**
  Der Kunde besitzt ein vorausbezahltes, guthabenbasiertes Konto bei einem Online-Bezahlsystem (z.B. Paypal[5]). Von diesem Konto werden dann vom MPSP die Zahlungen vorgenommen.

---

5 http://www.paypal.de; abgerufen am 16.05.2009

BETRACHTUNGSEBENEN AUF DAS MOBILE TICKETING

Die Wirtschaftsinformatik beleuchtet IT-Projekte zumeist aus den Blickwinkeln Technologie und Wirtschaft. Dabei handelt es sich jedoch noch nicht um einen ganzheitlichen Ansatz. Um diesem Manko entgegenzuwirken, wurde von Ferstl das so genannte Perspektiven-Fünfeck der Wirtschaftsinformatik vorgeschlagen. Diese Herangehensweise nähert sich einem IT-Thema aus folgenden fünf unterschiedlichen Betrachtungsebenen (siehe Abbildung 6):

1. gesellschaftliche Sicht/Gesellschaftsmodelle (Kapitel 3.1)
2. technologische Sicht/IT-Infrastruktur (Kapitel 3.2)
3. ökonomische Sicht/Geschäftsmodelle (Kapitel 3.3)
4. Geschäftsprozessmodelle/Abläufe (Kapitel 3.4)
5. Anwendungssysteme/praktische Umsetzungen (Kapitel 3.5)

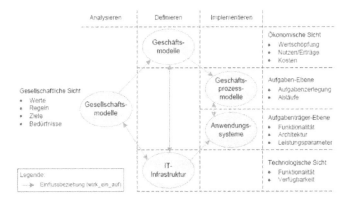

Abbildung 6: Perspektiven-Fünfeck der Wirtschaftsinformatik (entnommen von Frank und Ferstl 2008a, S. 8)

Das beschriebene Fünfeck dient in folgenden Kapiteln als Strukturierungs- und Gliederungsansatz für die Thematik des Mobile Ticketing.

3.1 GESELLSCHAFTLICHE SICHT AUF DAS MOBILE TICKETING

Zur ganzheitlichen Betrachtung des Mobile Ticketing gehört im ersten Schritt die gesellschaftliche Sicht auf das Thema. Als Gesellschaftsmodell versteht Ferstl den *„Gesellschaftsbereich, in dem sich ein Unternehmen bewegt"* (siehe Frank und Ferstl 2008b, S. 6). Dieser wird charakterisiert (siehe Abbildung 7) durch die darin vorherrschenden Ziele, Werte, Präferenzen, Bedürfnisse sowie die dort verfügbare Infrastruktur und die Gesellschaftssegmentierung (= potentielle Nutzer).

Abbildung 7: Gesellschaftsmodell/-bereich (entnommen von Frank und Ferstl 2008b, S. 6)

Infrastruktur
Nährboden für die MC-Anwendung des Mobile Ticketing ist in Deutschland die enorme Verbreitung der Mobiltelefone. 95 Prozent der Deutschen besitzen mindestens ein Handy (siehe Bieh 2008, S. 28). Ein Großteil (62% [1]) dieser Geräte ist auch in der Lage dem Nutzer mobil einen Zugang zum Internet zu ermöglichen (vgl. Kapitel 3.2.1, S. 16). Noch dazu ist das Mobiltelefon zu einem ständigen Begleiter des modernen Menschen geworden. Es ist dabei täglich fast 14 Stunden in Betrieb (vgl. '"Always-On-Prinzip"' gemäß Bieh 2008, S. 28). Verstärkt wird diese gute technische Infrastruktur durch die wachsende Verfügbarkeit von mobilen Breitband-Verbindungen – wie beispielsweise UMTS (siehe Abbildung 11, S. 19).

Gesellschaftssegmentierung
Ein weiterer Bestandteil des Gesellschaftsmodells ist die Gesellschaftssegmentierung. Dabei stellt sich die Frage welche Teile der Gesellschaft als potentielle Nutzer des Mobile Ticketing in Frage kommen könnten. Die Zielgruppe dieser Anwendung kann als Schnittmenge zweier großer Gesellschaftsteile verstanden werden (siehe Abbildung 8). Es fallen dabei die Mobiltelefon-Nutzer (ca. 95% der Bevölkerung) und die Nutzer des öffentlichen Fern- und Regionalverkehrs (ca. 66% der Bevölkerung, (siehe Autor 2009, S. 7) zusammen. Besonders interessant können hier z.b. Berufspendler, Geschäftsreisende oder Schüler sein, die im Besitz eines Handys sind und fast täglich Bus oder Bahn nutzen. Eine detaillierte Zielgruppenanalyse kann in einem Nachfragermodell (Marktmodell) durchgeführt werden.

---

1 siehe http://www.accenture.com/NR/rdonlyres/443452F6-26C6-4A46-9F87-89B9DAC5708C/0/MobileWebWatch2008.pdf; abgerufen am 28.05.2009

Abbildung 8: Zielgruppe für das Mobile Ticketing (eigene Darstellung)

Präferenzen

Ein Problem im beschriebenen Gesellschaftsraum dürfte noch die etwas zurück-
haltende Nutzung des mobilen Internets – welches in einigen Mobile Ticketing
Varianten für den Fahrschein-Erwerb notwendig ist (siehe Kapitel 3.5) – durch die
Deutschen sein. Gemäß der Studie „Mobile Web Watch 2008" der Unternehmensberatung Accenture gehen bisher nur 13 Prozent der Besitzer eines internetfähigen
Handys auch tatsächlich mobil ins Web[2]. Da die Hälfte davon bereits jetzt das
mobile Internet über eine schnelle Datenverbindung (z.B. UMTS oder HSDPA)
nutzt, lässt sich daraus ableiten, dass diese Zahl zukünftig jedoch mit der stärker
werdenden Verfügbarkeit solcher Breitband-Verbindungen ebenfalls steigen wird.

Ziele, Werte, Bedürfnisse

Mit dem Mobile Ticketing können sowohl anbieter- (Verkehrsbetriebe) als auch
nachfragerseitig (Fahrgäste) einige Abläufe optimiert werden (vgl. im Folgenden
Meier und Stormer 2008, S. 12):

- Ziele der Verkehrsbetriebe bei der M-Ticket-Einführung:
  - **Kosteneinsparung** (da Ticketausgabe über Automaten meist teurer ist)
  - Schnellere Gewinnung von **Nutzungsstatistiken** (z.B. welche Ticketfor-
    men werden am meisten geordert oder auf welchen Strecken wird Mobile
    Ticketing am meisten eingesetzt?)
  - Vereinfachung des gesamten **Geldverkehrs** (weniger Bargeld) durch
    Integration von E- bzw. M-Payment-Lösungen (siehe Kapitel 2.3.7, S. 8)

- Vorteile für die Fahrgäste durch M-Ticketing[3]:
  - 24-Stunden-**Verfügbarkeit** an jedem Ort
  - Keine detaillierten **Tarifkenntnisse** mehr erforderlich (da automatisch
    der bestmögliche Tarif gewählt wird)

---

2 vgl. http://www.accenture.com/NR/rdonlyres/443452F6-26C6-4A46-9F87-
   89B9DAC5708C/0/MobileWebWatch2008.pdf; abgerufen am 28.05.2009
3 vgl. im Folgenden http://touchandtravel.de/site/touchandtravel/de/idee/vorteile/vorteile.
   html; abgerufen am 04.06.2009

- Möglichkeit der Integration von **Zusatzdiensten** (z.B. Auskünfte per SMS bei Verspätungen)

- Transparente und nachprüfbare **Mobilitätsrechnung**

- **Fahrscheine im Voraus** erwerbbar – bis maximal zehn Minuten vor Fahrbeginn (= Unterbindung des „Schwarzfahrens")

- Öffentliche Verkehrsmittel werden attraktiver für die Nutzung, da **spontan** und ohne lange Wartezeit ein Fahrschein gekauft werden kann.

- Unnötige **Wartezeiten** an Schaltern oder Automaten entfällt

- Bargeldlose Bezahlung (kein Suchen von **Kleingeld**)

Konkurrenz zu gesellschaftlichen Werten
Natürlich soll hier nicht verschwiegen werden, dass das Konzept des Mobile Ticketing auch mit gesellschaftlichen Werte kollidieren bzw. konkurrieren kann. Beispielsweise hat eine modernene Gesellschaft den Anspruch **Mobilität für alle Gesellschaftsschichten** zu ermöglichen. Vom Mobile Ticketing werden selbstverständlich nur Personen, die im Besitz eines Mobiltelefons sind, angesprochen. Ältere bzw. ärmere Personen oder so genannte „Technologie-Verweigerer" können sicherlich nur schwer für diese neuen Fahrscheinsysteme gewonnen werden. Aus diesem Grund muss darauf geachtet werden, dass Fahrkarten auch weiterhin konventionell erworben werden können. Mobile Ticketing sollte also nur als Ergänzung und nicht als Ersatz fungieren.

Datenschutz und -sicherheit
Auch das Recht auf **Privatsphäre** – und damit verbunden auf **Datenschutz bzw. -sicherheit** – zählt heute zu einem sehr hohen gesellschaftlichen Wert. Bereits bei der Eingabe der persönlichen Daten (wie Adresse oder Bankverbindung) bei der Registrierung für das Mobile Ticketing müssen die Betreiber hohe Sensibilität an den Tag legen (siehe Erläuterungen zum Geschäftsprozessmodells im Kapitel 3.4, S. 36). Hier sei nur exemplarisch auf wiederkehrende Fälle von Daten-Diebstahl im Zusammenhang mit Online-Banking bzw. Daten-Weitergabe an Dritte bei Online-Geschäften verwiesen. Die bisher gewohnte Anonymität beim Fahrscheinkauf (d.h. der Kunde muss beim Automaten keine persönlichen Daten angeben) wird also durch Mobile Ticketing aufgegeben. Im Extremfall besteht sogar die Gefahr eines „gläsernen Passagiers". Gerade bei den zum Abschluß vorgestellten Forschungsprojekten (siehe Kapitel 4, S. 40) erhalten die MT-Anbieter nicht nur persönliche Daten der Kunden, sondern auch Informationen darüber wann der Kunde, wohin gefahren ist. Hier müssen Transportunternehmen gegenüber den Kunden großes Vertrauen hinsichtlich der Sicherheit der Daten aufbauen.

3.2 TECHNOLOGISCHE SICHT: IT-INFRASTRUKTUR FÜR MOBILE ENDGERÄTE

Der technologische Blickwinkel des Perspektiven-Fünfecks (Kapitel 3) fokussiert die für das Mobile Ticketing benötigte Hard- und Software. Dafür wird in Kapitel 3.2.1 ein Überblick über die aktuell verbreiteten mobilen Endgeräte (Hardware) gegeben. Im Anschluss (Kapitel 3.2.2) werden die Möglichkeiten des mobilen Datenaustauschs (z.B. über das mobile Internet) mit Hilfe der verfügbaren Netzwerktechnologien bzw. Mobilfunk-Standards erörtert. Da aktuelle produktive M-Ticketing-

Systeme (Kapitel 3.5.1) zum Teil auch client-seitig (auf dem Handy des Kunden) auch Software (z.B. Java-Applet) erfordern, wird diese Thematik abschließend in Kapitel 3.2.3 angesprochen.

3.2.1 Arten mobiler Endgeräte

Ganz allgemein gesprochen, *„versteht man unter mobilen Endgeräten, alle Endgeräte, die für den mobilen Einsatz konzipiert sind"* (siehe Turowski und Pousttchi 2004, S. 2).

Eigenschaften mobiler Endgeräte / Unterschiede zu stationären Geräten
Die Eigenschaften dieser Geräte lassen sich anhand ihrer Unterschiede zu stationären Rechnern charakterisieren (vgl. im Folgenden Meier und Stormer 2008, S. 212):

* Kleinere Anzeige
* Langsamere Prozessoren
* Geringerer Arbeitsspeicher
* Schlechtere Dateneingabe
* Kleinere Bandbreite bei der Kommunikation
* Geringe Akkuleistung

Die Forschung beschäftigt sich momentan intensiv mit der Verbesserung der hier aufgeführten Nachteile mobiler Endgeräte. Erste Ansätze (dort hingehend) wurden beispielsweise mit dem iPhone von Apple bereits realisiert.

Tabelle 3 listet einige Beispiele für mobile Endgeräte auf und differenziert sie nach den Möglichkeiten zur Benutzerinteraktion (vgl. Turowski und Pousttchi 2004, S. 61-70). Es lassen sich dabei vier mögliche Kategorien bilden:

* Sprachfunktion, Nutzung von IVR (Interactive Voice Response)
* Fähigkeit zum Versand und Empfang von Kurznachrichten (SMS)
* Fähigkeit zum **Internetzugang** (siehe Kapitel 3.2.2, S. 17)
* Fähigkeit zur Ausführung von Programmen in **höheren Programmiersprachen** – insbesondere Java (siehe Kapitel 3.2.3, S. 22)

Im Anschluss an Tabelle 3 werden einige der Gerätetypen genauer erklärt.

Gerätetyp	IVR	SMS	Internet / WAP	höhere Sprachen
Handys (nur Sprachfunktion)	X			
Handys (SMS-fähig)	X	X		
Handys (Internet-fähig)	X	X	X	
Handys (Java-fähig)	X	X	X	X

Tabelle 3: Differenzierung mobiler Endgeräte nach den Möglichkeiten der Benutzerinteraktion

Wichtige Geräteklassen und ihre Eignung für mobile Anwendungen (vgl. Turowski und Pousttchi 2004, S. 61-70):

- **Handys (nur Sprachfunktion):**
  Das Mobiltelefon der ersten bzw. zweiten Generation (siehe Abbildung 9) fokussierte primär auf die Nutzung der Telefonfunktionalität. Mobile Anwendungen können hier nur sprachgesteuert ablaufen, d.h. der Nutzer ruft ein Voice-Portal (z.B. Mailbox) an und gibt Sprachkommandos durch (oder drückt Zifferntasten). IVR ist die hier zugrunde liegende Realisierungstechnik.

- **Handys (SMS-fähig):**
  Neben der Sprache kommt mit dem Versand oder Empfang von Kurznachrichten eine weitere Interaktionsmöglichkeit (2G-Geräte) hinzu. Beispiele für mobile Anwendungen per SMS wären die Benachrichtigung über eingegangene Anrufe oder Informationsdienste (Aktienkurse, Verkehrsinfo, News, ...). Auch erste einfache Mobile Ticketing Anwendungen können mit dieser Geräteklasse genutzt werden (z.B. Kauf eines Einzelfahrscheins für den öffentlichen Nahverkehr in Helsinki, Finnland – Abrechnung über die Handy-Rechnung 4).

- **Handys (Internet-fähig):**
  Mit WAP und UMTS kommt auch das Internet auf die Mobiltelefone (2G-Geräte). Damit können mobile Anwendungen (z.B. Fahr-/Flugpläne) auf Internet-basierte Interaktion beispielsweise in Form von Auswahlmenüs oder Texteingaben zurückgreifen.

- **Handys (Java-fähig):**
  Die Java Micro Edition (kurz: Java ME) ist eine gerätespezifische Implementierung der bekannten Programmiersprache Java und ermöglicht die Ausführung komplexer Anwendungen auf Mobiltelefonen.

- **PDAs und Smartphones:**
  Personal Digital Assistants (kurz: PDAs) sind kleine handgroße Computer, welche Organisationsapplikationen (wie z.B. Kalender, Adressbuch, Textverarbeitung, Tabellenkalkulation, etc.) sowie zum Teil auch Internetzugang zur Verfügung stellen (vgl. Alby 2008, S. 205). Ihre Weiterentwicklung hin zu den Smartphones charakterisiert Bieh vereinfachend als *„Mobiltelefone mit erweiterten Büro- und Datenkommunikationsmitteln"* (siehe Bieh 2008, S. 21-23). Diese vor allem im Geschäftsleben verbreiteten Geräte bieten meist ein größeres Display und bessere Eingabemöglichkeiten (wie etwa mit PC-Tastaturen oder Touchscreen-/Stifteingabe) im Vergleich zu herkömmlichen Mobiltelefonen.

- **Netbooks, Tablet PCs:**
  Beide Gerätetypen sind Unterarten stationärer PCs bzw. Notebooks, die speziell für die mobile Nutzung (geringere Größe) konzipiert sind. Ihr Funktionsumfang steht dabei kaum noch hinter dem herkömmlicher Desktop-PCs zurück (vgl. Bieh 2008, S. 21-23). Zur mobilen Internet-Nutzung enthalten sie meist ein Mobilfunkmodem (UMTS) und/oder eine WLAN-Karte. Der Unterschied zwischen Netbooks und Tablet PCs besteht darin, dass letztere nicht per Tastatur, sondern mittels Touchscreen oder Stift bedient werden (vgl. Bieh 2008, S. 21-23).

---

4 siehe http://www.hel.fi/wps/portal/HKL_en/Artikkeli?WCM_GLOBAL_CONTEXT=/hkl/en/Tickets/
Ticket+types/Mobile+ticket; abgerufen am 20.03.2009

Aufgrund der sich zum Teil überschneidenden Funktionsumfänge der Geräte werden zukünftig die Grenzen zwischen java- bzw. internetfähigen Mobiltelefonen, PDAs/ Smartphones und Netbooks/Tablet PCs mehr und mehr verschmelzen (vgl. Meier und Stormer 2008, S. 212).

3.2.2 Netzwerktechnologien bzw. Mobilfunk-Standards

Im Laufe der Zeit haben sich die Mobilfunk-Standards (= Kategoriebegriff für die Normen und Regelungen, auf die Systeme zur mobilen Kommunikation über die Luft aufbauen[5]) immer weiter entwickelt. Häufig wird dabei von den Generationen 1G bis 4G gesprochen. Abbildung 9 verdeutlicht dabei den Wandel und die Generationen-Zugehörigkeit der einzelnen Standards.

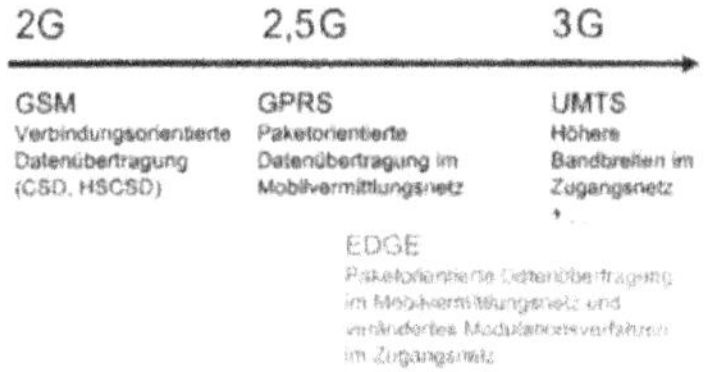

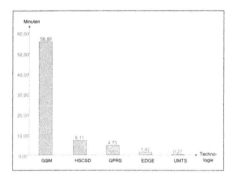

Abbildung 9: Generationenfortschritt der Mobilfunk-Standards (siehe Turowski und Pousttchi 2004, S. 36)

Hinsichtlich der Übertragungsraten ist der größte Fortschritt bei den einzelnen Mobilfunk-Standards zu sehen. Abbildung 10 zeigt wie lange im Schnitt für den Download eines vier Megabyte (MB) großen Datenpakets in der jeweiligen Technologie benötigt wird.

Abbildung 10: Übertragungsraten im Vergleich bei 4 MB-Download (siehe Wirtz 2001, S. 49)

---

5 siehe http://de.wikipedia.org/w/index.php?title=Mobilfunkstandard&oldid=54457740; abgerufen am 02.05.2009

3.2.2.1 GSM

Anfänge des Mobilfunks
Die Anfänge des Mobilfunks (1G) beruhten noch auf einer *„analogen Netztechnologie und nutzten das Prinzip der Leitungsvermittlung, wie man es auch aus dem analogen Festnetz kennt"* (siehe Bieh 2008, S. 18, 19). Der Einstieg in den digitalen Mobilfunk (2G) gelang über den Standard GSM (Global System for Mobile Communications) im Jahr 1993 (vgl. Alby 2008, S. 7, 8). Durch die Digitalisierung des Signals ermöglicht GSM neben der Sprach- auch die Datenübertragung. Mittlerweile hat sich GSM zum führenden Mobilfunk-Standard weltweit entwickelt: 82% der heutigen Mobilfunktelefone unterstützen diese Technologie (siehe Alby 2008, S. 7, 8).

Technische Grundlagen von GSM
Ein GSM-Netz ist in gleichgroße Felder – so genannte Zellen – eingeteilt. Jede Zelle ist einer Basisstation zugeordnet. Ein mobiles Gerät verbindet sich immer mit der Basisstation, die den besten Funkkontakt ermöglicht (Koordinatenübertragung). Beim Telefonieren werden – im Gegensatz zum Radio – Daten in beide Richtungen übertragen (Sprechen und Hören). Aus diesem Grund trennt GSM die Frequenzen (Stärke der elektromagnetischen Wellen) in Hin- und Rückrichtung (Uplink und Downlink). So vergibt beispielsweise das GSM900-Netzwerk das Frequenzband zwischen 890 und 915 MHz für die Kommunikation vom mobilen Gerät zur Basisstation und das Band von 935 bis 960 MHz für die Kommunikation von der Basisstation zum mobilen Gerät. Darüber hinaus arbeitet GSM noch in den Frequenzbereichen 1800 und 1900 MHz (vgl. Grob et al. 2004, S. 117). Damit ist auch gesichert, dass es zu keiner Überschneidung (Kollision) mit anderen Diensten kommt, denn UKW (Radio) beispielsweise nutzt den Frequenzbereich von 87 bis 107 MHz (vgl. Meier und Stormer 2008, S. 214, 215).

Vorteile von GSM
Das GSM-Netz gilt als sehr sicher gegenüber Hacker-Angriffen. Dies wird durch eine **verschlüsselte Datenübertragung** ermöglicht. Zur Authentifizierung und Verschlüsselung verwendet GSM den geheimen Schlüssel auf der SIM-Karte eines jeden Nutzers. Dieser Schlüssel kann nicht ausgelesen werden (vgl. Meier und Stormer 2008, S. 216). Neben den eigentlichen Daten (z.B. gesprochene Worte) werden auch immer die Koordinaten der Zelle (siehe oben) übertragen in denen sich das mobile Endgerät befindet. Damit können mit dem GSM-Netz so genannte **Location Based Services** realisiert werden (vgl. Breymann und Mosemann 2008, S. 12). So könnte das Mobiltelefon beispielsweise den Standort der nächstgelegenen Tankstelle anzeigen. Auch für den Bereich Mobile Ticketing kann diese Tatsache sinnvoll genutzt werden (siehe Kapitel 4.2, S. 43).

Weiterentwicklungen von GSM
Hinsichtlich der Übertragungsraten wurde GSM weiterentwickelt (siehe Abbildung 10). *„Zu den weiteren wichtigen GSM-Diensten zählen **High Speed Circuit Switched Data (**HSCSD**), General Paket Radio Service (**GPRS**), und Enhanced Data Rate for GSM Evolution (**EDGE**). Sie erlauben, ein mobiles Gerät mit dem Internet zu verbinden"* (siehe Meier und Stormer 2008, S. 216).

3.2.2.2 *UMTS*

UMTS als Wegbereiter des Mobile Business
Die Nachfolge von GSM (Kapitel 3.2.2.1, S. 18) soll/wird der UMTS (Universal
Mobile Telecommunications System) Standard übernehmen (3G). Sein Vorgänger
erreichte bei der Übertragung von Daten nur eine Geschwindigkeit von 9.600 Bit/s
– mit UMTS sind bis zu 2 MBit/s (bei stationärem Betrieb) möglich (siehe Grob
et al. 2004, S. 117). Dem Mobile Business (und insbesondere auch dem Mobile Ticketing) werden damit vielfältigere und höherwertigere Anwendungen ermöglicht
(z.b. effizientere Verarbeitung von Daten und/oder Übertragung von Audio- oder
Video-Daten).

Nachteile von UMTS
Der UMTS-Standard baut nicht auf dem GSM-Netz auf (u.a. anderer Frequenzbereich), *„sondern benötigt eine völlig neue Infrastruktur und kann aus diesem Grund
nur auf entsprechenden Geräten mit UMTS-Unterstützung benutzt werden"* (siehe Bieh
2008, S. 20). Aus Abbildung 11 wird des Weiteren deutlich, dass in Deutschland die
Verfügbarkeit des UMTS-Netzes (bisher nur in Ballungszentren verfügbar) noch
nicht so groß ist, wie die des GSM-Netzes[6]. Aufgrund dieser beiden Tatsachen
werden beide Netze momentan noch parallel betrieben (vgl. Meier und Stormer
2008, S. 216). **Optimierung von UMTS**

Abbildung 11: Verbreitung/Verfügbarkeit des GSM- und UMTS-Netz in Deutschland

*„UMTS erreicht den Geschwindigkeitszuwachs im Vergleich zu GSM durch einen breiteren
Frequenzabstand. Dieser beträgt bei GSM 200 KHz und bei UMTS 5 MHz, also das
25-fache"* (siehe Meier und Stormer 2008, S. 217). Durch das HSDPA (High Speed

---

6 siehe http://www.t-mobile.de/funkversorgung/inland; abgerufen am 03.05.2009

Downlink Packet Access) Verfahren erfährt der UMTS-Standard weitere Optimierungsansätze und Geschwindigkeitsverbesserungen.

3.2.2.3 Wireless Local Area Network (WLAN)

Eine weitere Möglichkeit mit dem Handy Zugang zum Internet zu erhalten, ist die Nutzung eines Wireless Local Area Network (kurz: WLAN). Dafür muss das mobile Endgerät hardware-seitig mit einem WLAN-Modul (Netzwerkkarte) ausgestattet sein. Ist dies gewährleistet, so kann sich das Handy – wie von Notebooks und PCs bekannt – mit ein lokalen Zugangsknoten (Access Point) verbinden (erfordert meist eine Authentifizierung) und somit Zugriff auf ein Funknetz (z.B. Internet oder Intranet) erhalten (siehe Abbildung 12). Dies setzt voraus, dass sich der Nutzer mit dem mobilen Endgerät in Reichweite eines dieser Zugangsknoten befindet. Die typische Reichweite eines kabellosen Funknetzes vom Access Point aus beträgt bis zu 30 Meter innerhalb und 300 Meter außerhalb von Gebäuden – abhängig von den räumlichen Verhältnissen (vgl. Turowski und Pousttchi 2004, S. 49). Die WLAN-Technologie ist also unabhängig von den vorher beschriebenen Mobilfunknetzen (Kapitel 3.2.2.1, S. 18 bzw. 3.2.2.2, S. 19).

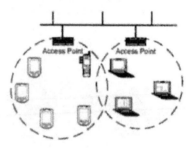

Abbildung 12: WLAN mit mobilen Endgeräten (siehe Turowski und Pousttchi 2004, S. 50)

Ein typisches Anwendungsgebiet ist dabei die (kostenpflichtige) Bereitstellung eines drahtlosen Internet-Zugangs an so genannten Hot Spots. Darunter versteht man Orte, an denen viele Nutzer auf engem Raum zu finden sind (z.B. Innenstädte, Bahnhöfe, Flughäfen, Messehallen, Hotels, ...) (vgl. Turowski und Pousttchi 2004, S. 50). Solche Hot Spots müssen dabei mittlerweile nicht mehr nur fest an einem Ort sein, sie können sich auch in Bewegung befinden. T-Mobile und die Deutsche Bahn bieten beispielsweise solche Hot Spots auch in ausgesuchten Intercity-Express (ICE) Zügen an.[7]

3.2.2.4 Near Field Communication (NFC)

Für das Mobile Ticketing (Kapitel 2.3.6, S. 7) – insbesondere aber für das Mobile Payment (Kapitel 2.3.7, S. 8) – kann die (neue) **Near Field Communication** Technologie (kurz: NFC), die *„künftig in allen Mobiltelefonen und Kassenterminals zu finden sein soll"* (siehe Pousttchi 0801, S. 1) zu einer Schlüsseltechnologie werden. Der

---

7 siehe http://www.t-mobile.de/hotspot/0,12498,17897-_,00.html; abgerufen am 19.04.2009

RFID-Ableger stellt eine drahtlose Datenschnittstelle (ähnlich wie Infrarot oder Bluetooth) zwischen elektronischen Geräten (wie Mobiltelefonen, PDAs, Computern und Bezahlautomaten) dar und ermöglicht zwischen ihnen eine sichere drahtlose Kommunikation über kurze Distanzen (vgl. Hansen 2006, S. 199).

Grundlage für die Datenübertragung zwischen zwei NFC-Interfaces (z.b. Mobiltelefon und Fahrkartenautomat wie in Abbildung 13) sind hochfrequente magnetische Wechselfelder im Frequenzbereich 13,56 MHz. *„Ein NFC-Interface verfügt über einen 13,56 MHz-Sender sowie über einen 13,56 MHz-Empfänger, die wechselweise auf die Antenne geschaltet werden. Die Antenne ist als großflächige Spule oder Leiterschleife ausgeführt"* (siehe Finkenzeller 2008, S. 65).

Abbildung 13: NFC-Technologie für das Mobile Ticketing im Pilotprojekt „touch & travel" (siehe auch Kapitel 4.1)

Die genaue technische Datenübertragung – im Betriebsmodus Active Mode – (siehe Abbildung 14) zwischen einem NFC-fähigen Mobiltelefon und einem Automaten in maximal 20 cm Entfernung könnte dann folgendermaßen aussehen (vgl. im Folgenden Finkenzeller 2008, S. 66):

- Das Handy (NFC-Initiator) beginnt die Verbindung dadurch, dass hochfrequenter Strom durch seine Antenne fließt und ein magnetisches Wechselfeld erzeugt.
- Das magnetische Feld breitet sich aus und durchfließt die Antennenschleife des in der Nähe befindlichen Automaten. Dies induziert eine Spannung, welche vom Empfänger detektiert wird.
- Für die Datenübertragung zwischen den beiden NFC-Interfaces wird das ausgehende magnetische Wechselfeld in der Amplitude moduliert (ASK-Modulation).

Abbildung 14: Near Field Communication im Betriebsmodus Active Mode (entnommen von Finkenzeller 2008, S. 66)

3.2.3 Software für mobile Anwendungen (Java)

In Kapitel 3.2.1 (S. 16) wurde mit den java-fähigen Handys bereits eine bedeutende Geräteklasse mobiler Endgeräte angesprochen. Die vom PC her bekannte und dort sehr verbreitete Programmiersprache Java findet nun auch auf den Mobiltelefonen Anwendung. So kann beispielsweise für den mobilen Fahrscheinkauf ein aus dem Internet geladenes Java-Applet (vgl. Breymann und Mosemann 2008, S. 38) auf dem Handy eingesetzt werden.

Java ME
Kapitel 3.2.1 (S. 15) gibt zudem Auskunft über die Nachteile der mobilen Endgeräte im Vergleich zu stationären Rechnern (z.B. reduzierte Tastatur, beschränkter Bildschirm und weniger Rechenleistung). Um diesen Geräten gerecht zu werden, wurde eine spezielle Java-Version geschaffen: die **Java Micro Edition** (kurz: Java ME). Sie bietet im Vergleich zur Java Standard Edition (Java SE) einen auf die hardware-spezifischen Besonderheiten von mobilen Endgeräten zugeschnittenen reduzierten Funktionsumfang (vgl. Friedemann und Mattern 2003, S. 90).

Konfiguration und Profile
Architektonisch wird Java ME in zwei Gruppen (Configurations / Profiles) mit jeweiligen Funktionsbausteinen unterteilt, welche die unterschiedlichen Fähigkeiten der verschiedenen Endgeräte berücksichtigt (siehe Abbildung 15):

1. Die **Connected Limited Device Configuration** (CLDC) und das dazugehörige **Mobile Information Device Profile** (MIDP) bilden dabei den kleinsten gemein-samen Nenner (= einen minimalen Standard den die Endgeräte unterstützen müssen). Die Kernfunktionen der CLDC und des MIDP (z.B. Bibliotheken und APIs für Netzwerkanbindung, lokale Datenhaltung, Benutzungsschnitt-stelle und Anwendungsmanagement) gehen dabei von geringen Hardware-Voraussetzungen auf den mobilen Endgeräten aus (z.B. nur 128 bis 512 kB Speicher). *„Die CLDC ist speziell für langsame Prozessoren, wenig Speicherplatz und unzuverlässige Netzwerkverbindungen gedacht"* (siehe Breymann und Mosemann 2008, S. 19).
2. Die Java ME-Konfiguration CDC (**Connected Device Configuration**) ist um-fangreicher und bietet deutlich mehr Funktionen an, richtet sich aber auch an leistungsfähigere Geräte (wie z.B. High-End-PDAs).

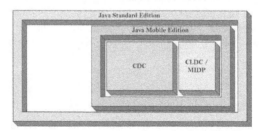

Abbildung 15: Konfigurationen und Profile der Java ME (eigene Darstellung)

Portabilität als Hauptvorteil (MIDPs)
Die Vorteile der Programmiersprache Java entfalten auch auf mobilen Endgeräten
ihre Wirkung (vgl. Breymann und Mosemann 2008, S. 17, 18):

- **Portabilität:**
  Obwohl mobile Endgeräte mit unterschiedlichen Betriebssystemen ausgestat-
  tet sein können, ermöglicht Java durch das Konzept der Virtual Machine (=
  Teil der Java-Laufzeitumgebung, der für die Ausführung des Java-Bytecodes
  verantwortlich ist) eine (weitgehend) geräteunabhängige Anwendungsent-
  wicklung (vgl. Turowski und Pousttchi 2004, S. 64). *„Java Bytecode ist auf allen
  JVM (Java Virtual Machine) lauffähig, und jedes Betriebssystem von praktischer
  Bedeutung (z.B. Symbian OS, Windows Mobile, Linux oder Blackberry) hat eine
  JVM"* (siehe Breymann und Mosemann 2008, S. 17). Dies bedeutet, dass die
  Entwickler keine Gedanken daran verwenden müssen, auf welchem Handy
  und auf welchem Betriebssystem ihre Java-Applikation später laufen wird.
- **Sicherheit / Robustheit:**
  Eine Programmiersprache ermöglicht Zugriffe auf lokale Rechner-Ressourcen
  (z.B. Hauptspeicher, Festplattenspeicher, Netzwerk, Betriebssystem etc.). Zur
  Minimierung der damit verbundenen Sicherheitsrisiken bietet Java hier einige
  Möglichkeiten. So laufen Java-Programme beispielsweise in einer so genann-
  ten Sandbox. *„Die Java Virtual Machine (JVM) wacht darüber, dass ein Absturz
  eines Programms keine anderen Anwendungen stört"* (siehe Breymann und Mosemann 2008, S. 17, 18). Eine weitere Sicherheitsmaßnahme ist der Schutz des
  Java-Programmcodes vor unbefugten bzw. unbemerkten Veränderungen (z.B.
  durch einen Virus). Zur Prüfung der Integrität des Codes wird in Java auf
  Signatur- und Prüfsummenverfahren zurückgegriffen.
- **Verbreitung:**
  1,8 Milliarden mobile Endgeräte unterstützen bisher Java ME und ca. 80%
  aller neuen verkauften Handys basieren auf dieser Programmiersprache.
  Damit ist klar belegt, dass Java die (künftige) Schlüsseltechnologie für die
  (Anwendungs-)Programmierung von Mobiltelefonen ist (vgl. Turowski und
  Pousttchi 2004, S. 64).
- **Speicherverwaltung:**
  Durch die sogenannte Garbage Collection wird in Java automatisch das Auftre-
  ten von Speicherlecks verhindert. In anderen Sprachen ist der Programmierer
  selbst für ein effizientes Speicher-Management verantwortlich.
- **Integrierte Leistungsabrechnung:**
  Turowski (vgl. Turowski und Pousttchi 2004, S. 64) sieht dadurch dass Handy-
  Nutzer über ihre SIM-Karte eindeutig identifiziert werden können, die Mög-
  lichkeit Java-Applikationen, die über das Internet heruntergeladen werden,
  leistungsgerecht abzurechnen (z.B. bei Handy-Spielen pro Spiel oder Level).
- **De-facto-Standardisierung:**
  Einen offiziellen Java-Sprach-Standard gibt es zwar nicht, jedoch wird durch
  den relativ demokratisch gestalteten Java Community Process (kurz: JCP)
  ein ähnlicher Status erreicht. Die Hersteller-Firma Sun ermöglicht es hier
  den JCP-Mitgliedern neue Sprach-Features und -Entwicklungen einer breiten
  Öffentlichkeit zu präsentieren.

Ablauf – Von der Entwicklung zur Nutzung eines Java-Applets
Abbildung 16 verdeutlicht die einzelnen Schritte, wie ein Java-Applet von der Entwicklung (linker Ast) bis zur Nutzung (rechter Ast) auf das Handy des Endkunden kommt. Der linke Ast zeigt die Entwicklungsschritte:

1. Programmierung einer vom Menschen lesbaren Java-Datei,
2. Kompilierung und Erstellung des Maschinen lesbaren Byte-Codes (Class-Datei),
3. Komprimieren und Zusammenpacken der benötigten Bibliotheken (JAR-Datei) und
4. Bereitstellen des fertigen Programmpakets auf einem Webserver.

Der rechte Ast zeigt welche Schritte von Seiten des Kunden nötig sind, um das Java-Applet auf seinem mobilen Endgerät zu nutzen:

1. Aufrufen der URL des Programmpakets im Browser seines internetfähigen Mobiltelefons (siehe Kapitel 3.2.2, S. 17),
2. Herunterladen, Entpacken und Installieren des Java-Programmpakets
3. Nutzung des Java-Applets mittels JVM auf dem Handy

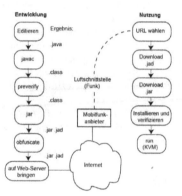

Abbildung 16: Ablauf eines Java-Applets für mobile Geräte von der Entwicklung bis zur Nutzung (entnommen von Breymann und Mosemann 2008, S. 29)

3.3 ÖKONOMISCHE SICHT

Zu einer ganzheitlichen Betrachtung des Themas Mobile Ticketing gehört auch der wirtschaftliche Blickwinkel. Dafür wird im Folgenden das Geschäftsmodell hinter dem M-Ticketing unter Berücksichtigung seiner Einbettung in den ÖPNV bzw. ÖPFV erläutert (Kapitel 3.3.1). Kapitel 3.3.2 geht dann weiter ins Detail und zeigt die Bausteine auf, aus denen das Geschäftsmodell aufgebaut ist. Zum Schluss erfolgt dann eine Eingruppierung des Geschäftsmodells in die Typologie (Geschäftskonzept) „Commerce" des 4C-Net-Business-Model (Kapitel 3.3.3).

3.3.1 Geschäftsmodell hinter dem Mobile Ticketing

Das Thema Geschäftsmodelle (englisch: Business Models) findet seit „dem Aufkommen von Leistungsaustauschprozessen im Internet" (siehe Lehner et al. 2008, S. 324) noch stärkere Beachtung. Da beim Mobile Ticketing (wie in Kapitel 3.1, S. 11 erwähnt) einige Transaktionsphasen digital – also online bzw. mobil – abgewickelt werden können, lohnt sich ein Blick auf das hier zugrunde liegende Geschäftsmodell.

Allgemein wird mit einem Geschäftsmodell das Ziel verfolgt neue Geschäftsformen aufzuzeigen und Chancen- und Risikoanalysen zu unterstützen (vgl. Österle 1996, S. 14-16). Zu einem Business Model gehören – laut Dr. Paul Timmers (von der Europäischen Kommission) – folgende Komponenten (vgl. im Folgenden Timmers 1998, S. 4):

- Architektur für die Produkte, Dienstleistungen und Informationsflüsse
- Nutzenbeschreibung für alle Akteure (siehe auch Kapitel 3.1, S. 11)
- Beschreibung der Erlösquellen

Architektur von Geschäftsmodellen anhand von Wertschöpfungsketten
Zur Veranschaulichung der Architektur von Geschäftsmodellen und zur Nutzenverdeutlichung können **Wertschöpfungsketten** herangezogen werden (vgl. Timmers 1998, S. 4). Das Mobile Ticketing ist Teil der Wertschöpfungskette des öffentlichen Personentransports (siehe Abbildung 17).

Abbildung 17: Einordnung des Mobile Ticketing in die Wertschöpfungskette des öffentlichen Personentransports (eigene Darstellung)

Eine verfeinerte Betrachtung des Geschäftsmodells hin zum Geschäftsprozessmodell kann dann mittels Modellierungssprachen (z.B. SOM, ePK) – wie in Kapitel 3.4 ab S. 31 aufgezeigt wird – erfolgen (vgl. Lehner et al. 2008, S. 325-327). Kollmann (siehe Kollmann 2009, S. 29, 30) sieht folgende Punkte mit denen Online- bzw. mobile Angebote für den Kunden attraktiv werden und damit einen **Mehrwert** bekommen (**Wertschöpfung**). Einige davon können direkt auf das Geschäftsmodell hinter dem Mobile Ticketing bezogen werden:

- **Überblick**: Ein **Strukturierungswert** wird durch das Mobile Ticketing geschaffen, da es dem Kunden hilft den richtigen Tarif im öffentlichen Personentransport auszuwählen („Tarif-Dschungel").
- **Auswahl**: Das Online-Angebot (Mobile Ticketing) ermöglicht dem Kunden durch Datenbank-Abfragen eine gezielte und effektive Identifikation von gewünschten Informationen zu Produkt oder Dienstleistung (= **Selektionswert**).
- Vermittlung
- **Abwicklung**: Den größten Mehrwert (**Transaktionswert**) erlangen Kunde und Anbieter beim Mobile Ticketing durch eine effizientere und effektivere Gestaltung von Geschäften (siehe auch Kapitel 3.3.3, S. 30).

- Kooperation
- Austausch

Abbildung 18 verdeutlicht, dass die Mehrwerte, die durch elektronische Angebote (wie das Mobile Ticketing) entstehen, jedoch auch von der zeitlichen (z.B. schnell und pünktlich), inhaltlichen (z.B. richtig und korrekt) und äußeren (z.B. verständlich) Vermittlung der Information abhängen.

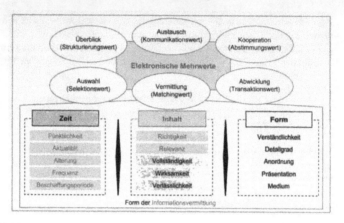

Abbildung 18: Wertschöpfung durch elektronische Angebote (entnommen aus Kollmann 2009, S. 30)

Zusammenfassend lässt sich also sagen, dass das Mobile Ticketing die klassische Wertschöpfungskette des ÖPNV bzw. ÖPFV unterstützt und effektiver gestaltet (siehe Abbildung 19).

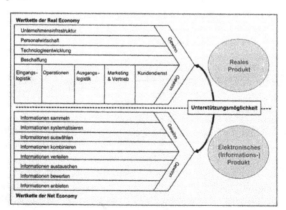

Abbildung 19: Unterstützung der klassische Wertschöpfungskette durch elektronische Dienste (entnommen aus Kollmann 2009, S. 31)

Beschreibung der Erlösquellen

Beim Geschäftsmodell „Mobile Ticketing im öffentlichen Personentransport" sind zwei Objekte beteiligt: das zu meist staatlich geführte Transportunternehmen (z.b. Stadtwerke) und der Bürger/Fahrgast (siehe Abbildung 4, S. 7). Das Transportunternehmen hat als Ziel die Befriedigung des menschlichen Bedürfnisses nach Mobilität. Dazu stellt es Transport-Dienstleistungen (wie z.b. Bahn- oder Busfahrten) zu bestimmten Zeiten zur Verfügung. Der Bürger, der diese Leistungen in Anspruch nimmt, muss hierfür eine Bezahlung entrichten (**1. Erlösquelle**). Weitere sekundäre Einnahmen können erzielt werden durch einerseits die Vermietung von Werbeflächen auf Bussen, Bahnen oder an Haltestellen (**2. Erlösquelle**) und andererseits durch die Verpachtung von Räumlichkeiten für Gewerbetreibende (z.B. Kiosk) in bzw. an den Haltestellen (**3. Erlösquelle**).

Zu meist reichen diese drei Erlösquellen nicht aus, um alle entstandenen Kosten (z.B. für Fahrzeuge, Mitarbeiter, Schienen, Reparaturen, ...) zu decken. Der ÖPNV bzw. ÖPFV ist somit auf staatliche Subventionen (**4. Erlösquelle**) angewiesen[8]. Aus Gründen wie z.B. des Umweltschutzes u.a. ist der Staat aber bereit diese Subventionen zu tragen (die Nutzung öffentlicher Verkehrsmittel ist weitaus umweltfreundlicher, als die Nutzung des Privat-PKWs durch die Bürger).

3.3.2 *Bausteine des Geschäftsmodells*

Im Folgenden wird das Geschäftsmodell (Kapitel 3.3.1, S. 25) detaillierter beleuchtet. Mithilfe der Klassifizierung nach der Art der angebotenen Leistung können Bausteine (in Form von Geschäftsmodelltypen) identifiziert werden, aus denen sich das vorliegende Geschäftsmodell zusammensetzt (vgl. Turowski und Pousttchi 2004, S. 147).

Zuerst wird analysiert, welche **digitalen und nicht-digitalen Leistungen** durch das Business Model erstellt werden. Der Fokus bei der Leistungs-Erbringung im ÖPNV bzw. ÖPFV liegt verständlicherweise auf dem **nicht-digitalen Bereich**. Hier wird kein klassisches Gut (Produkt oder Ware), sondern eine Dienstleistung (nämlich der Transport des Kunden von Ort A nach Ort B) zur Verfügung gestellt (**Baustein intangible Dienstleistung**).

Durch die Einbeziehung des Mobile Ticketing in den Regional- und Fernverkehr können allerdings auch **digitale Leistungen** erbracht werden (siehe Abbildung 20). *„Digitale Leistungen werden differenziert in die Kategorie Handlung mit den Geschäftsmodelltypen* **Dienst**, **Vermittlung**, **Integration** *und die Kategorie Information mit den Geschäftsmodelltypen* **Inhalt** *und* **Kontext**. *Unterstützungsdienste wie Bereitstellung von Payment- oder Sicherheitsfunktionalität gehören dabei dem Geschäftsmodelltyp Dienst an"* (siehe Turowski und Pousttchi 2004, S. 148, 149).
Neben dem **Baustein Dienst** (durch eventuelles Mobile Payment; siehe Kapitel 2.3.7, S. 8) ist auch noch der **Baustein Vermittlung** Teil des vorliegenden Geschäftsmodells (siehe Kapitel 3.3.1, S. 25). In vielen Ballungszentren gibt es eine Unmenge an

---

8 siehe http://www.handelsblatt.com/politik/deutschland/sinkende\-netzentgelte-gefaehrden-geschaeftsmodell-der-stadtwerke;1102600;0; abgerufen am 19.04.2009

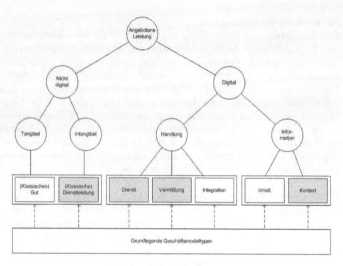

Abbildung 20: mögliche Bausteine eines Geschäftsmodells im Mobile Commerce
(siehe Turowski und Pousttchi 2004, S. 144)

möglichen Fahrkarten bzw. Tarifen (= „Tarif-Dschungel") besonders für den ÖPNV.
Hier kann die Handy-Software den Kunden bei der Wahl des günstigsten Tarifs
unterstützen. Ebenso kann der Kunde Hilfe bei der Auswahl der besten Fahrstrecke
bzw. -zeit erhalten (= elektronischer Fahrplan). Somit sind die Voraussetzungen für
den Baustein Vermittlung erfüllt – nämlich die „Durchführung von klassifizierenden,
systematisierenden, suchenden, auswählenden oder vermittelnden Handlungen" (siehe
Turowski und Pousttchi 2004, S. 145).

Die Bausteine Integration (Zusammenfassung von Einzelleistungen zu Leistungs-
bündeln[9]) und Inhalt (Bereitstellen von digitalen Inhalten aus den Bereichen ak-
tuelles Weltgeschehen, Wirtschaft, Unterhaltung, Aus- und Weiterbildung, Kunst,
Kultur etc.) finden in diesem Business Model keine oder nur am Rande Verwendung. Für den Fall, dass das Mobile Ticketing allerdings zu einer kontextsensitiven
Anwendung ausgebaut wird und somit aktuelle Ortsinformationen des Kunden verarbeitet (z.B. zur Abrechnung der tatsächlich zurück gelegten Fahrstrecke), ist auch
der **Baustein Kontext** im Geschäftsmodell inbegriffen (siehe Forschungsprojekte in
Kapitel 4.2, S. 43). Tabelle 4 fasst nachfolgend die herausgearbeiteten Bausteine des
Geschäftsmodells noch einmal zusammen.

---

9 Beispielsweise könnte der Kunde beim mobilen bzw. Online-Kauf seiner Kinokarte gleichzeitig auch
den passenden Fahrschein für die Anreise mit der U-Bahn zum Kino erhalten.

(Klassisches) Gut	—
(Klassische) Dienstleistung	Transport-Dienstleistung mit Bus und Bahn (nicht-digital)
Dienst	Unterstützungsdienst Mobile Payment
Vermittlung	Unterstützung bei der Wahl des günstigsten Tickets und der besten Verbindung
Integration	—
Inhalt	—
Kontext	Nutzung aktueller Ortsinformationen des Kunden (z.B. zur exakten Abrechnung)

Tabelle 4: Bausteine des Geschäftsmodells im öffentlichen Personennah- und -fernverkehrs (eigene Darstellung)

3.3.3 Geschäftsmodelltypologie „Commerce"

Das in Kapitel 3.3.1 (S. 25) geschilderte Geschäftsmodell lässt sich in das **4C-Net-Business-Model** (siehe Abbildung 21) eingruppieren. Dabei werden die Business Models aus dem Bereich E- bzw. M-Business in folgende Typologien (Geschäftskonzepte) unterschieden (vgl. Wirtz 2001, S. 217):

- **Content** (z.B. Geschäftsmodell E-Paper einer Zeitung)
- **Context** (z.B. Geschäftsmodell einer Suchmaschine)
- **Connection** (z.B. Geschäftsmodell eines Internet-Service-Providers)
- **Commerce** (z.B. Geschäftsmodell eines Online-Buchhandels)

	Content	Commerce	Context	Connection
Definition	Sammlung, Selektion, Systematisierung, Kompilierung und Bereitstellung von Inhalten über Netzwerke	Anbahnung, Aushandlung und/oder Abwicklung von Geschäftstransaktionen über Netzwerke	Klassifikation, Systematisierung und Zusammenführung von verfügbaren Informationen in Netzwerken	Herstellung der Möglichkeit eines Informationsaustausches in Netzwerken
Ziel	Bereitstellung von konsumentenorientierten personalisierten Inhalten über Netzwerke	Ergänzung bzw. Substitution traditioneller Transaktionsphasen über Netzwerke	Komplexitätsreduktion und Bereitstellung von Navigationshilfen und Matchingfunktionen über Netzwerke	Schaffung von technologischen, kommerziellen oder rein kommunikativen Verbindungen in Netzwerken
Erlösmodell	Direkte (Premium-Inhalte) und indirekte Erlösmodelle (Werbung)	Transaktionsabhängige, direkte und indirekte Erlösmodelle	Direkte (Inhaltsaufnahme) und indirekte Erlösmodelle (Werbung)	Direkte (Objektaufnahme/Verbindungsgebühr) und indirekte Erlösmodelle (Werbung)
Plattformen	E-Shop, E-Community, E-Company	E-Shop, E-Procurement, E-Marketplace	E-Community, E-Marketplace	E-Marketplace, E-Company, E-Community
Beispiele	gemss.de, sueddeutsche.de, manager-magazin.de, guenstiger.de	mytoys.com, amazon.com, trimondo.de, delticom.de	yahoo.de, google.de, strada.de, ciao.com	autoscout24.de, travelchannel.de, t-online.de, web.de
Mehrwert	Überblick, Auswahl, Kooperation, Abwicklung	Überblick, Auswahl, Abwicklung	Überblick, Auswahl, Vermittlung, Austausch	Überblick, Auswahl, Vermittlung, Abwicklung

Abbildung 21: Geschäftsmodelltypologien des 4C-Net-Business-Models (siehe Kollmann 2009, S. 42)

Die Geschäftsmodelle können dabei meist **nicht genau einer der vier Kategorien zugeordnet** werden, sondern zum Teil mehreren. Die Kategorie **Commerce** eignet sich für das Mobile-Ticketing. Die Geschäftstransaktionen eines Business Models (bei einer nicht-hierarchischen Handelsbeziehung) bestehen aus den Teiltransaktionen (vgl. im Folgenden Ferstl und Sinz 2006, S. 63, 64)

- **Anbahnung** (für einen Leistungstransfer wird ein Partner gesucht; z.B. Werbeaktionen),
- **Vereinbarung** (Leistungstransfer zwischen zwei Partnern/Systemen wird in Form eines Auftrags fixiert) und
- **Durchführung** (Leistungstransfer wird durchgeführt und die Vereinbarung kontrolliert).

„Das beschriebene 3-Phasen-Transaktionsschema (AVD-Transaktion) kann auf zwei Phasen verkürzt werden, wenn ein Leistungstransfer wiederholt zwischen den gleichen Partnern durchgeführt wird und damit die Anbahnungsphase entfällt (VD-Transaktion)" (siehe Ferstl und Sinz 2006, S. 64). Dies wäre beispielsweise der Fall, wenn das Mobile Tickting von Berufspendlern auf ihrem täglichen Arbeitsweg in Bus oder Bahn genutzt wird.

Charakteristisch für die Eingruppierung zum Geschäftskonzept Commerce ist, dass die traditionellen Transaktionsphasen *„elektronisch unterstützt, ergänzt oder substituiert"* werden (vgl. Kollmann 2009, S. 40, 41). Damit zielt das Mobile Ticketing auf eine Vereinfachung und Beschleunigung von Kauf- bzw. Verkaufsprozessen ab (wie schon mit Abbildung 4 auf S. 7 angedeutet).

3.4 GESCHÄFTSPROZESSMODELL DES MOBILE TICKETING

Ein Transportunternehmen, welches Mobile Ticketing einsetzt, wird als **betriebliches System** verstanden. Für die objekt- und geschäftsprozessorientierte Modellbildung eines solchen betrieblichen Systems bietet sich der Ansatz der **semantischen Objektmodellierung (kurz: SOM)** an (vgl. Ferstl und Sinz 2006, S. 184). Ihm liegt ein **Vorgehensmodell** zugrunde, welches aus **drei Ebenen (Unternehmensplan, Geschäftsprozessmodell und Ressourcenmodell)** und **jeweils einer strukturorientierten und einer verhaltensorientierten Sicht** besteht (siehe Abbildung 22). Die im Folgenden betrachtete **Geschäftsprozessebene** unterteilt sich in die beiden Sichten:

- **Interaktionsschema (IAS)**: Das IAS *„spezifiziert die Struktur von Geschäftsprozessen in Form von betrieblichen Objekten, die durch Transaktionen verknüpft sind"* (siehe Ferstl und Sinz 2006, S. 189).
- **Vorgangs-Ereignis-Schema (VES)**: Das VES *„beschreibt das zugehörige Verhalten anhand von Vorgangstypen und ihren Ereignisbeziehungen"* (siehe Ferstl und Sinz 2006, S. 189).

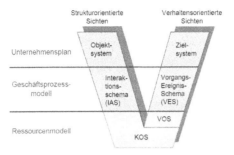

Abbildung 22: Vorgehensmodell der SOM-Methodik (entnommen von Ferstl und Sinz 2006, S. 188)

IAS **zeigt Struktur des** GPs

Die Entwicklung eines Geschäftsprozessmodells mit der SOM-Methodik erfolgt in einem schrittweisen Entwicklungsprozess. *„Ausgangspunkt des Modellierungsprozesses ist ein initiales Interaktionsschema, welches die Diskurswelt (Transportunternehmen) aus Außensicht betrachtet und somit zunächst nur Leistungsbeziehungen zwischen der Diskurswelt und der Umwelt abbildet. Dieses IAS wird nun sukzessive in einer Folge von Zerlegungsschritten unter Nutzung der Zerlegungsregeln bzw. Lenkungspatterns spezifiziert"* (siehe Frank 2007, S. 8).

Das (initiale) IAS eines Transportunternehmens, welches Mobile Ticketing einsetzt, enthält auf oberster Ebene (siehe Abbildung 23) zwei Umwelt- und ein Diskursweltobjekt:

- das Transportunternehmen (Diskursweltobjekt), welches die Transport-Dienstleistung (im Regional- oder Fernverkehr) durchführt,
- den Kunden bzw. Fahrgast (Umweltobjekt), welcher die Transport-Dienstleistung in Anspruch nimmt und dafür bezahlt, sowie
- als Intermediär das Zahlungssystem/Bank (Umweltobjekt) über das der Bezahlvorgang (z.B. Lastschriftverfahren, Kreditkarte, Mobilfunkrechnung, ...) abgewickelt wird.

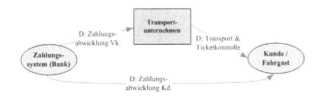

Abbildung 23: initiales Interaktionsschema

Die SOM-Methodik sieht vor, dass Transaktionen (oder betriebliche Objekte) homogenisiert (weiter zerlegt) werden müssen, *„wenn sie mehrere Leistungen erstellen* *(übertragen) oder mehrere Leistungen empfangen"* (siehe Frank 2008, S. 16). Diese Notwendigkeit liegt bei der Transaktion „D: Transport & Ticketkontrolle" vor. Daraus lassen sich folgende abhängige Leistungstransfers ableiten (siehe Abbildung 24):

- „D: Software-Download"
- „D: Fahrkarte"
- „D: Rechnung"

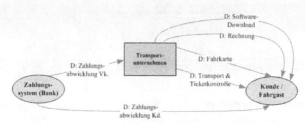

Abbildung 24: IAS nach erstem Zerlegungsschritt (Transaktions-Homogenisierung)

Im zweiten Zerlegungsschritt (nach dem Pattern der Z-Differenzierung) wird das Objekt Transportunternehmen in die Unternehmensbereiche

- **Finanz- und Rechnungswesen** (Aufgabengebiete beispielsweise: Buchhaltung, Controlling),
- **Vertrieb** (Aufgabengebiete beispielsweise: Fahrscheinwesen, Marketing und Werbung) und
- **Operations** (Aufgabengebiete beispielsweise: Instandhaltung, Transportdurchführung, Fahrscheinkontrolle, IT-gestützte Fahr-, Dienst- und Streckenplanerstellung)

unterteilt (siehe Abbildung 25). Die **Geschäftsleitung** (strategisches Lenkungssystem) lenkt die einzelnen Funktionsbereiche (Finanz- und Rechnungswesen, Vertrieb und Operations) formalzielorientiert (über Zielvorgabe Z und Rückkopplung R).

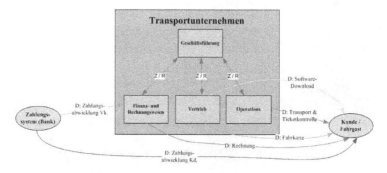

Abbildung 25: IAS nach zweitem Zerlegungsschritt (Objektzerlegung)

Weitere (hierarchische) Objekt-Differenzierungen erfolgen nun (siehe Abbildung 26) bei den betrieblichen Objekten (Abteilungen oder Unternehmensbereiche) **Vertrieb** und **Operations**. Letzteres wird gemäß der **V-D-Differenzierung** in ein Reglerobjekt (Fahrplan- und Mitarbeiter-Koordination) und ein Regelstreckenobjekt (Transport) zerlegt, *„wobei das Reglerobjekt die Aufgabe der Lenkung der Leistungserstellung durch das oder die Regelstreckenobjekt(e) übernimmt"* (siehe Frank 2007, S. 9). Mit der Steuertransaktion S beauftragt das Reglerobjekt die Leistungsausführung durch das Regelstreckenobjekt (z.B. bei „D: Transport & Ticketkontrolle"). Die (erfolgreiche) Ausführung der Aufgabe und den damit verbundenen Vollzug des Leistungstransfers meldet das Regelstreckenobjekt **Transport** mittels einer Kontrollaktion K an die **Fahrplan- und Mitarbeiter-Koordination** (Reglerobjekt) zurück (vgl. Frank 2007, S. 9).

In ähnlicher Weise wird auch das Objekt Vertrieb zerlegt: es entsthet ein Reglerobjekt **Buchungsabwicklung** und ein Regelstreckenobjekt **Ticketversand**. Jedoch wird dem Reglerobjekt hier noch mit dem Objekt **Vertriebsmanagement** ein strategisches Lenkungssystem (nach dem Pattern der Z-Differenzierung) zur Koordination der vielschichtigen Vertriebsaktivitäten übergeordnet. Dieses lenkt – ähnlich wie im zweiten Zerlegungsschritt die Geschäftsleitung – die Funktionsbereiche des Vertriebs über Zielvorgaben Z und Rückkopplungen R (vgl. Abbildung 25). Da mit dieser Geschäftsprozessmodellierung die Aktivitäten beim Mobile Ticketing im Vordergrund stehen, wird auf die Zerlegung des Unternehmensbereichs Finanz- und Rechnungswesen verzichtet.

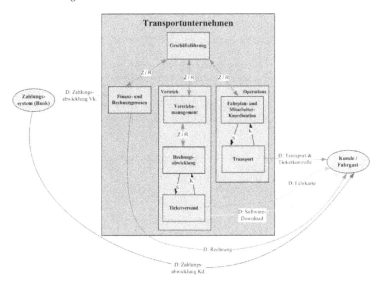

Abbildung 26: IAS nach drittem Zerlegungsschritt (Objektzerlegung)

Ebenso wie im ersten Homogenisierungsschritt auf Seite 31 lassen sich zu der Transaktion „D: Fahrkarte" noch die beiden abhängigen Transaktionen „D: Buchungsdaten" zwischen Ticketversand und Finanz- und Rechnungswesen (grüner Pfeil) sowie „D: Buchungsdaten" zwischen Ticketversand und Transport (brauner Pfeil) ableiten. Abbildung 27 zeigt in Anlehnung an Abbildung 24 diese Homogenisierung.

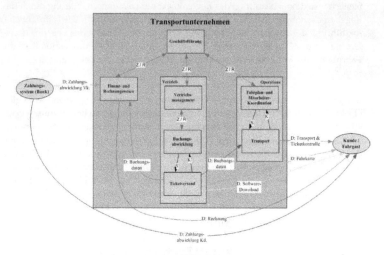

Abbildung 27: IAS nach viertem Zerlegungsschritt (Transaktions-Homogenisierung)

Die Zerlegung von Transaktionen deckt die für die Koordination der Leistungstransfers zwischen nicht-hierarchischen Teilobjekten notwendigen Lenkungsnachrichten auf. Dafür werden folgende D-Transaktionen nach dem **Verhandlungsprinzip** (= „*Eine Transaktion wird in eine optionale Anbahnungs-, eine optionale Vereinbarungs- und eine Durchführungstransaktion zerlegt. Die drei Transaktionen finden sequenziell statt*" (siehe Frank 2008, S. 17)) differenziert:

- „D: Software-Download" vom Ticketversand zum Kunden/Fahrgast (gelbe Pfeile)
  1. „A: Werbung"
  2. „V: Registrierungsdaten" / „Steuertransaktion"
  3. „D: Software-Download" / „Kontrolltransaktion"

- „D: Fahrkarte" vom Ticketversand zum Kunden/Fahrgast (hellblaue Pfeile)
  1. „V: mobiler Ticketkauf" / „Steuertransaktion"
  2. „D: Fahrkarte" / „Kontrolltransaktion"

- „D: Buchungsdaten" von Ticketversand zum Finanz- und Rechnungswesen (grüne Pfeile)
  1. „V: Ticketpreise" / „Steuertransaktion"
  2. „D: Buchungsdaten" / „Kontrolltransaktion"

- „D: Buchungsdaten" von Ticketversand zur Fahrplan- und Mitarbeiter-Koordination
  (braune Pfeile)
  1. „V: Planungsdaten" / „Steuertransaktion"
  2. „D: Buchungsdaten" / „Kontrolltransaktion"

- „D: Transport & Ticketkontrolle" von Transport zum Kunden/Fahrgast
  (graue Pfeile)
  1. „V: Ticketdaten (Scan) / „Steuertransaktion"
  2. „D: Transport & Ticketkontrolle" / „Kontrolltransaktion"

- „D: Rechnung" vom Finanz-/ und Rechnungswesen zum Kunden/Fahrgast
  (rosa Pfeile)
  1. „V: Rechnungsstellung"
  2. „D: Rechnung"

- „D: Zahlungsabwicklung Vk." vom Zahlungssystem (Bank) zum Finanz- und
  Rechnungswesen
  (orangene Pfeile)
  1. „V: Abbuchung"
  2. „D: Zahlungsabwicklung Vk."

- „D: Zahlungsabwicklung Kd." vom Zahlungssystem (Bank) zum Kunden/Fahr-
  gast
  (blaue Pfeile)
  1. „V: Bezahlung"
  2. „D: Zahlungsabwicklung Kd."

Zu beachten ist – wie schon in Kapitel 3.3.3 auf Seite 30 – die **Verkürzungsmög-
lichkeit beim 3-Phasen-Transaktionsschema** (AVD-Transaktion) auf zwei Phasen
(VD-Transaktion), wenn ein Leistungstransfer wiederholt zwischen den gleichen
Partnern durchgeführt wird (Anbahnungsphase entfällt). Abbildung 28 verdeutlicht
den letzten Zerlegungsschritt (= acht Transaktionszerlegungen).

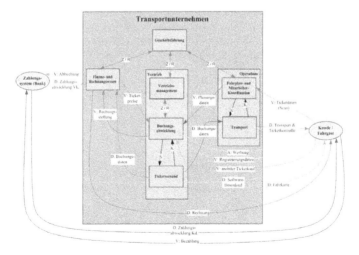

Abbildung 28: IAS nach fünftem Zerlegungsschritt (= acht Transaktionszerlegungen)

VES bzw. **textuelle Beschreibung zeigen Ablauf des** GPs
Das finale IAS zeigt die Struktur des Geschäftsprozesses beim Mobile Ticketing.
Die Verdeutlichung der Reihenfolge der Transaktionsabläufe kann in Form eines
zusätzlichen VES oder wie folgt in Form einer textuellen Beschreibung erfolgen:

1. Der Kunde bzw. Fahrgast wird in Form einer Werbung (Anzeige) durch
   das Transportunternehmen auf die Möglichkeit des mobilen Fahrkartenkaufs
   aufmerksam gemacht („A: Werbung").

2. Die Werbung enthält einen Internet-Link (vgl. Kapitel 3.2.2.2), den der Kunde über sein Mobiltelefon oder den PC aufrufen kann, um sich für den
   M-Ticketing-Dienst zu registrieren („V: Registrierungsdaten"). Abgefragte
   Nutzerdaten sind hier z.B. Name, Adresse und gewünschte Zahlungsmoda-
   litäten (siehe Abrechnungs- und Bezahlvarianten im Kapitel 2.3.7 auf Seite
   10).

3. Nach erfolgter Registrierung erhält der Fahrgast einen Download-Link beispielsweise per SMS auf sein Mobiltelefon übermittelt („D: Software-Download").
   Bei Aktivierung dieses Hyperlinks wird eine mobile Anwendung (Applet)
   über das Internet auf das Gerät geladen und installiert (vgl. Abbildung 16 auf
   Seite 24).

4. Mit diesem Programm kann der Fahrgast künftig jederzeit vor Fahrtbeginn
   Tickets für Bus oder Bahn erwerben („V: mobiler Ticketkauf"). Die Applika-
   tion baut hierfür kurzfristig eine mobile Internetverbindung auf.

5. Die übermittelten Ticketdaten werden im Transportunternehmen vom Compu-
   tersystem **Buchungsabwicklung**, welches als *„maschineller Aufgabenträger im
   Lenkungssystemanteil"* (siehe Ferstl und Sinz 2006, S. 50) fungiert, in Empfang
   genommen und automatisch zu einem digitalen Fahrschein mit Barcode-
   Matrix verarbeitet. Das digitale Ticket (siehe Abbildung 29 [10]) wird dann
   zum maschinellen Aufgabenträger im Leistungssystemanteil Ticketversand
   weitergeleitet („**Steuertransaktion**"). Dieser wird dann mit der Übermittlung
   des Fahrscheins in Form einer MMS an den Fahrgast betraut („D: Fahrkarte").
   Die erfolgreiche Übersendung bestätigt der Ticketversand der Buchungsabwicklung mit einer **„Kontrolltransaktion"**. Bei dieser Konstellation handelt es
   sich um die auf S. 7 bereits vorgestellten PTD-Tickets. Möglich wäre hier auch
   die Variante eines virtuellen Tickets. In diesem Fall würde der Kunde hier
   statt der MMS lediglich eine Bestätigungs-SMS erhalten. Die Ticket-Validierung
   unterscheidet sich dann noch leicht (siehe S. 37) – je nach gewählter Variante.

---

10 siehe `http://mediap1.roadkast.com/nachtzug-nach-hamburg/handyticket.jpg`; abgerufen am
11.06.2009

Abbildung 29: Handy-Ticket mit einlesbarer Barcode-Matrix (PID-Ticket)

6. Beim Transportunternehmen laufen nun zwei Transaktionen gleichzeitig ab:

   • Für die spätere (monatliche Sammel-)Rechnung benötigt das Finanz- und Rechnungswesen die erhaltenen Buchungsdaten. Mit der Transaktion „V: Ticketpreise" übermittelt es an die Buchungsabwicklung die Preise für die Fahrscheine. Die Buchungsabwicklung weist den Ticketversand („**Steuertransaktion**") an die Buchungsdaten dem Finanz- und Rechnungswesen zur Verfügung zu stellen („D: Buchungsdaten"). Die erfolgreiche Datenübertragung wird wiederum mit einer „**Kontrolltransaktion**" quittiert.

   • Ein ähnlicher Ablauf wird von Seiten des Bereichs Operations initiiert. Auch dieser Unternehmensbereich benötigt die Buchungsdaten zur späteren Fahrkartenkontrolle. Durch die Transaktion „V: Planungsdaten" werden der Fahrplan und der Personal-Schichtplan (Fahrer) an die Buchungsabwicklung übermittelt. Diese weist nun ihrerseits wiederum den Ticketversand an die Buchungsdaten der Abteilung Operations (Leistungssystem Transport) zur Verfügung zu stellen („**Steuertransaktion**"). Abgeschlossen wird dieser Teil wieder mit einer „**Kontrolltransaktion**" seitens des Ticketversands an die Buchungsabwicklung.

7. Zum Zeitpunkt der Reise zeigt der Fahrgast dem Kontrolleur (aus dem Unternehmensbereich Operations) den digitalen Fahrschein (bei Variante PID-Ticket) auf seinem Mobiltelefon („V: Ticketdaten (Scan)"). Durch Scannen und Entschlüsseln des Barcodes wird die Richtigkeit des Fahrscheins geprüft. Der Transport des Fahrgastes kann nun ordnungsgemäß durchgeführt werden („D: Transport & Ticketkontrolle"). Falls virtuelle Tickets verwendet werden, nennt der Fahrgast dem Kontrolleur die Ticketnummer aus der SMS und weist sich aus. Daraufhin wird das Hintergrundsystem mittels mobiler Datennetze (siehe Kapitel 3.2.2, S. 17) zur Überprüfung kontaktiert.

8. Zu einem vorher definierten Zeitpunkt (z.B. einmal im Monat) weist die Buchungsabwicklung das Finanz- und Rechnungswesen an, dem Kunden eine Rechnung für seine mobil erworbenen Fahrscheine zu erstellen („V: Rechnungsstellung"). Dieses erstellt anhand der kontinuierlich erhaltenen Buchungsdaten eine Sammelrechnung und übermittelt diese dem Kunden („D: Rechnung").

9. Durch die vorher durchgeführte Registrierung (siehe Seite 36) und die dabei gewählte Abrechnungs- und Bezahlvariante (z.B. Lastschriftverfahren) erfolgt ebenfalls auf Seiten des Kunden eine automatische Aufgabendurchführung. Mit der Transaktion „V: Bezahlung" wird dem Intermediär **Zahlungssystem (Bank)** die Erlaubnis zur Begleichung der Rechnung (durch das angegebenen Konto) erteilt („D: Zahlungsabwicklung Kd.").

10. Nach Eintritt des vereinbarten und auf der Rechnung vermerkten Zahlungsziels weist das Finanz- und Rechnungswesen das Zahlungssystem (Bank) an („V: Abbuchung") den fälligen Betrag vom Kunden einzuziehen („D: Zahlungsabwicklung Vk.").

3.5 ANWENDUNGSSYSTEME

Die letzte Betrachtungsebene des Perspektiven-Fünfeck des Mobile Ticketing behandelt die Anwendungssysteme. Ferstl definiert sie allgemein als *„Aufgabenträger für die Durchführung der Lösungsverfahren von Aufgaben"* (siehe Frank und Ferstl 2008b, S. 35). Produktive Umsetzungen (= Anwendungssysteme) von Mobile Ticketing Verfahren gibt es in Deutschland bereits im Regionalverkehr (Kapitel 3.5.1) und im Fernverkehr (Kapitel 3.5.2). Alle beschriebenen Lösungsverfahren basieren oder nehmen Bezug auf das Geschäftsprozessmodell aus Kapitel 3.4.

3.5.1 *Mobile Ticketing im Regionalverkehr: dashandyticket.de*

Unter Koordination des Verbands Deutscher Verkehrsunternehmen (VDV) entstand 2007 das Gemeinschaftsforschungsprojekt „HandyTicket". 26 Nahverkehrsanbieter aus 14 Verkehrsverbünden/Regionen sind daran beteiligt (= 17 Millionen potentielle Nutzer)[11]. Das dort verwendete Geschäftsprozessmodell entspricht fast exakt dem in Kapitel 3.4 vorgestellten IAS. Als Bezahlverfahren werden dem Kunden Lastschrift, Kreditkarte oder Prepaid-Konto angeboten[12]. Eine zusätzliche Sicherheit stellt die so genannte HandyTicket-Geheimzahl (PIN) dar[13]. Sie wird dem Fahrgast nach abgeschlossener Registrierung im Internet per SMS zugesandt. Benötigt wird sie für den Login im Kundenportal im Internet und als Bestätigung für jeden Ticketkauf mit der mobilen Java-Anwendung.

Ein besonderer Vorteil dieses Ansatzes ist in der Vielzahl der teilnehmenden Regionen (z.B. Hamburg, Köln, Dresden, Nürnberg, ...) zu sehen. *„Der Fahrkartenkauf ist nicht nur in der Heimatstadt möglich, sondern auch in anderen Regionen. So kann beispielsweise ein Kunde aus Dresden eine Fahrkarte in Hamburg erwerben, ohne sich an ein anderes Verfahren gewöhnen zu müssen"*[14]. Diese **Interoperabilität** wird gesichert durch die Integration des Handy-Ticket-Projekts in die VDV Kernapplikation. Dabei handelt es sich um einen Standard für das elektronische Fahrgeldmanagement (EFM). Das Ziel ist es Insellösungen u.a. für das Mobile Ticketing bei einzelnen Verkehrsverbünden zu vermeiden.

---

11 vgl. http://www.dashandyticket.de/projekt.html; abgerufen am 10.06.2009
12 vgl. http://www.dashandyticket.de/bezahlen.html; abgerufen am 10.06.2009
13 vgl. http://www.dashandyticket.de/derweg.html; abgerufen am 10.06.2009
14 siehe http://www.dashandyticket.de/projekt.html; abgerufen am 10.06.2009

„Anders als es der Begriff nahe legt, ist die Kernapplikation kein Computerprogramm, sondern vielmehr ein Daten- und Schnittstellenstandard für das elektronische Fahrgeldmanagement. Die Kernapplikation regelt das Zusammenspiel von Akteuren und Systemen und ist damit vergleichbar mit einer Kombination aus Bauanleitung und Gebrauchsanweisung für ein technisches Gerät oder System"[15]. Große Flexibilität bietet das Verfahren dadurch, dass neben dem Erwerb von Handy-Tickets über eine Java-Applikation (Kapitel 3.2.3) auch der Erwerb mittels einer kostenlosen Service-Telefonnummer oder per SMS möglich ist[16].

3.5.2 Mobile Ticketing im Fernverkehr der Deutschen Bahn AG

Für den Fernverkehr bietet die Deutsche Bahn AG ihren Kunden ebenfalls eine M-Ticketing-Anwendung[17] an. Auch diese Variante lehnt sich an das SOM-Modell aus Kapitel 3.4. an. Jedoch gibt es hier bereits einige kleinere Modifikationen. So wird auf den Download einer zusätzlichen Software für das Handy verzichtet. Die Transaktion „**D: Software-Download**" wird also obsolet. Der Kunde baut stattdessen mit seinem Mobiltelefon eine Internet-Verbindung auf und greift direkt über den Browser auf die Webseite http://mobile.bahn.de zu, um dort seine Fahrkarten zu ordern. Ebenso wie in der M-Ticketing-Anwendung des Regionalverkehrs (Kapitel 3.5.1) ist auch hier eine vorherige Registrierung im Internet (unter http://www.bahn.de) und die Definition einer PIN-Nummer notwendig. Neben dem Verzicht auf die Java-Applikation lässt sich der Workflow hier noch weiter optimieren. So kann der Kunde auf bahn.de seine Profilinformationen (wie z.B. häufig befahrene Strecken, gewünschte Klasse etc.) hinterlegen. Diese Daten werden beim mobilen Ticketkauf dann als Feld-Vorbelegungen direkt angeboten. Ebenso empfiehlt die Bahn die Nutzung von Lesezeichen im Handy-Browser zur weiteren Verkürzung der Web-Nutzung und Vermeidung unnötiger Tastatur-Eingaben.

Die Bezahlung ist hier lediglich mittels Kreditkarte möglich (Ausnahme: Bahn-Card-Inhabern wird auch das Lastschriftverfahren angeboten). Auch ermöglicht die Deutsche Bahn AG den Kauf von Handy-Tickets nur bis maximal zehn Minuten vor Abfahrt des Zuges. Damit sichert sich das Unternehmen gegen mögliche „Schwarzfahrer" ab, die ohne Fahrschein den Zug betreten und nur kurz vor einer Kontrolle, ein Ticket mobil erwerben. Eine weitere Einschränkung beim Handy-Ticket-Verfahren der Bahn ist die Tatsache, dass nicht alle Fahrscheinarten mobil erwerbbar sind. Aktionspreise (wie z.B. der „Super-Spar-Preis") sind in der M-Ticketing-Anwendung nicht auswählbar.

---

15 siehe http://www.vdv-ka.org/02/01.htm; abgerufen am 26.08.2009
16 vgl. http://www.haendyticket.de/Bestellverfahren.20.0.html; abgerufen am 26.08.2009
17 vgl. http://www.bahn.de/p/view/mdb/bahnintern/fahrplan_und_buchung/mobile_services/ downloads/MDB58346-20081118_schritt_f_r_schritt_handy_ticket_pk.pdf; abgerufen am 20.06.2009

AUSBLICK AUF ZUKÜNFTIGE ANWENDUNGSMODELLE

In Kapitel 3.5 (Seite 38) wurden aktuelle Realisierungsformen des Mobile Ticketing im Regionalverkehr (Kapitel 3.5.1; Seite 38) und Fernverkehr (Kapitel 3.5.2; Seite 39) vorgestellt. Diese lassen sich als eine Vorstufe dessen ansehen, was zukünftig in diesem Bereich möglich ist – sollten sich die positiven Prognosen (siehe Einführung in Kapitel 1, Seite 1) für das Mobile Business bestätigen.

Die Unternehmensberatung Accenture sieht gerade auf dem Gebiet location-based Services große Zukunftschancen („*42 Prozent sehen einen Mehrwert darin, unterwegs Informationen über interessante Geschäfte, Restaurants oder Veranstaltungen zu erhalten*"[1]). Böhm definiert demnach location-based Services allgemein als „*[...] services offered via the customer's mobile device and based on the customer's actual location*" (siehe Böhm et al. 2008, S. 67).

Mit den noch in der Entwicklung befindlichen Forschungsprojekten „touch & travel" (Kapitel 4.1) und „ring & ride" (Kapitel 4.2) wird versucht location-based Services mit Mobile Ticketing zu kombinieren. Als Abschluß der Arbeit werden in den folgenden zwei Kapiteln diese Projekte erklärt und die möglichen Optimierungen bzw. Verbesserungen am Interaktionsschema (IAS) aus Kapitel 3.4 (Seite 30 ff.) verdeutlicht.

4.1 FORSCHUNGSPROJEKT „TOUCH & TRAVEL"

Projektfakten
Mit dem Mobile Ticketing Projekt „touch & travel" setzt die Deutsche Bahn AG zukünftig auf die noch recht junge Technologie der Near Field Communication (siehe Kapitel 3.2.2.4, S. 20). Es handelt sich dabei um einem Übertragungsstandard zum kontaktlosen Austausch von Daten (wie z.B. Fahrberechtigungen = Tickets) über kurze Strecken (vgl. Bezahlszenario stationärer Händler, Kapitel 2.3.7, S. 9). An dem seit 2007 laufenden Großprojekt sind darüber hinaus folgende Unternehmen als Technologie- bzw. Test-Partner beteiligt:[2]

- Vodafone D2 GmbH
- T-Mobile Deutschland GmbH
- ATRON electronic GmbH
- Giesecke & Devrient GmbH
- Motorola GmbH
- Berliner Verkehrsbetriebe
- Verkehrsbetrieb Potsdam

---

1 siehe http://www.accenture.com/NR/rdonlyres/443452F6-26C6-4A46-9F87-89B9DAC5708C/0/MobileWebWatch2008.pdf; abgerufen am 28.05.2009
2 vgl. im Folgenden http://www.touchandtravel.de/site/touchandtravel/de/netzwerk/netzwerk.html; abgerufen am 28.07.2009

Das Vorhaben befindet sich mittlerweile im Pilotbetrieb. In Pilotphase 1 wurden 8.000 Testfahrten von 200 ausgewählten Testkunden mit der neuen M-Ticketing-Technologie durchgeführt. Seit Februar 2008 kann „touch & travel" von allen Kunden im Testgebiet (z.b. Berlin, Potsdam) im Regionalverkehr und auf ausgewählten Strecken des Fernverkehrs eingesetzt werden. Das Pilotgebiet wird um weitere Strecken bzw. Regionen (z.b. Schleswig-Holstein) erweitert, um die Praxistauglichkeit des Systems unter Beweis zu stellen[3].

Projektablauf

Mit „touch & travel" wird der Aufwand für den Fahrkartenkauf für den öffentlichen Personenverkehr auf ein Minimum reduziert. Ähnlich wie bei den zuvor vorgestellten Verfahren ist auch hier eine einmalige Registrierung (siehe Abbildung 28, S. 35: „V: Registrierungsdaten") im Internet erforderlich (z.b. zur Bekanntgabe des Zahlungsweges). Die Stadtwerke Potsdam erläutern das anschließende Vorgehen wie folgt: *„Vor der Fahrt meldet man sich mit dem Handy an einem speziellen Touchpoint (Kontaktpunkt für Tickets per Handy) an der Haltestelle an und am Ziel auf dieselbe Weise wieder ab. Im Hintergrund errechnet das System aus den Reisedaten den Fahrpreis"*[4]. Die Bahnhöfe und Haltestellen müssen also zukünftig mit diesen entscheidenden Berührungspunkten ausgestattet werden (siehe Abbildung 13, S. 21 im Kapitel 3.2.2.4[5]). Ein Touchpoint enthält einen passiven elektronischen Chip, auf dem die Standort-Informationen gespeichert sind[6]. Diese werden vom ein- bzw. auscheckenden Mobiltelefon abgefragt (vgl. Abbildung 14, S. 21) und an das Hintergrundsystem zur Abrechnung übertragen.

Damit die tatsächlich gefahrene Strecke und die benutzten Verkehrsmittel noch exakter vom Hintergrundsystem rekonstruiert werden können, werden die durchfahrenen Mobilfunkzellen (siehe Kapitel 3.2.2.1, S. 18) gespeichert und eine Ticketkontrolle durch das Zug- bzw. Buspersonal vorgenommen.[7]

Dieser neue Ansatz würde das in Kapitel 3.4 (Abbildung 28) aufgezeigte Referenz-Geschäftsprozessmodell des Mobile Ticketing weiter vereinfachen und optimieren. Besonders die Transaktionen „V: mobiler Ticketkauf" und „V: Ticketdaten (Scan)" würden auf ein Minimum reduziert werden. Die notwendigen Daten (z.B. Kunden- bzw. Standort-Informationen) werden dabei nur noch über kurze Distanz (NFC-Technologie) übertragen. Die Transaktionen „D: Software-Download" und „D: Fahrkarte" könnten unter Umständen komplett entfallen.

---

3 vgl. http://www.touchandtravel.de/site/touchandtravel/de/infos__piloten/pilotbetrieb/pilotbetrieb.html; abgerufen am 28.07.2009
4 siehe http://www.swp-potsdam.de/swp/de/verkehr/angebote-vip/angebote-aktuell-vip/st__touchtravel.php; abgerufen am 01.08.2009
5 Abbildung wurde entnommen von http://cebit2009.portel.de/fileadmin/pics/C-F/DB-Touch-Travel-Touchpoint-08.jpg am 01.08.2009
6 vgl. http://www.touchandtravel.de/site/touchandtravel/de/technik/touchpoints/touchpoints.html; abgerufen am 30.07.2009
7 vgl. http://www.touchandtravel.de/site/touchandtravel/de/technik/hintergrundsystem/hintergrundsystem.html; abgerufen am 29.07.2009

Projektvorteile

Für die Fahrgäste bieten sich dadurch zukünftig einige Vorteile beim Fahrschein-Kauf.[8] So wird beispielsweise das Schlangestehen an Kassen bzw. Automaten überflüssig. Lediglich ein kurzer Check-In an einem Touchpoint zum Erwerb/Erzeugen eines gültigen (virtuellen) Tickets (vgl. Kapitel 2.3.6, S. 8) ist dann noch nötig. Im Vergleich zu bisherigen Ticket-Automaten ist hier die Handhabbarkeit deutlich verbessert. Auch das zum Teil umständliche und oft kritisierte Navigieren durch zahllose Ticket-Optionen entfällt. Das Hintergrundsystem ermittelt immer das für die gefahrene Strecke optimale Ticket. Für den Kunden ist es also nicht erforderlich sich eingehend mit den jeweiligen Tarifen des Verkehrsunternehmens vertraut zu machen. Die monatliche Abrechnung ermöglicht zusätzlich mehr Transparenz und Kontrolle über getätigten Fahrten. Ein Kritikpunkt sollte hier nicht unerwähnt bleiben: durch die nach der Fahrt automatisch durch das Hintergrundsystem ermittelten Kosten, geht für den Kunden natürlich eine gewisse Preistransparenz im voraus verloren – er weiß also vor Fahrtantritt nicht exakt was ihn die Fahrt tatsächlich kosten wird. Hier muss der M-Ticketing-Anbieter – wie schon beim Umgang mit persönlichen Kundendaten (siehe Kapitel 3.1, S. 14) – großes Vertrauen bei den Kunden sich erarbeiten bzw. genießen. Diesem Manko wird durch eine Obergrenze für die Fahrtkosten (im Nahverkehr z.B. maximal ein Tagesticket) begegnet.

Aber natürlich können auch die Transportunternehmen von der neuen Technologie profitieren. Da wie oben erwähnt die M-Ticket-Nutzer keine detaillierten Tarifkenntnisse mehr benötigen, reduziert sich auch hier der Personalaufwand (z.B. weniger Informationsschalter). Ebenso können alte Fahrscheinautomaten durch die neuen Touchpoints sukzessive ersetzt werden. Diese sind in der Anschaffung kostengünstiger und nicht mehr so wartungsintensiv. Neue Verkehrsmittel (z.B. Bus- oder Zug-Linien) lassen sich ohne größere Hardware-Kosten in das M-Ticketing-System integrieren. Wenn an den Bahnhöfen bereits Touchpoints aufgestellt sind, muss nur noch das Hintergrundsystem über das neue Verkehrsmittel (die neue Linie) informiert werden. Auf der Hand liegen darüber hinaus auch die durch M-Ticketing allgemein entfallenden Papier- und Druckkosten für die Fahrscheine.

---

8 vgl. http://www.touchandtravel.de/site/touchandtravel/de/idee/vorteile/vorteile.html; abgerufen am 10.08.2009

4.2 FORSCHUNGSPROJEKT „RING & RIDE"

Projektfakten

Einen ähnlichen Ansatz, wie „touch & travel" (Kapitel 4.1) verfolgt auch das vom Bundesministerium für Bildung und Forschung geförderte Forschungsprojekt „ring & ride". Folgende Partner sind/waren daran beteiligt (vgl. Böhm et al. 2008, S. 68):

- Institute of Transportation and Urban Engineering (IVS), TU Braunschweig
- Berliner Verkehrsbetriebe (BVG)
- Deutsche Bahn AG
- Oecon GmbH
- Rhein-Main-Verkehrsverbund (RMV)
- S-Bahn Berlin GmbH
- T-Systems System Integration
- WVI Prof. Dr. Wermuth Verkehrsforschung und Infrastrukturplanung GmbH

Projektablauf

Auch dieses Fahrgeldmanagementsystem (vgl. VDV Kernapplikation in Kapitel 3.5.1, S. 38) basiert auf einem unkomplizierten Check-In-Check-Out-Vorgang. Allerdings kommt es im Gegensatz zu „touch & travel" (Kapitel 4.1) ohne neue technische Infrastruktur (wie etwa NFC-basierte Handys und Touchpoints) aus. Es kann also auch mit älteren Mobiltelefonen problemlos genutzt werden. Der mobile Ticket-Kauf erfolgt dabei wie folgt: *„Zu Beginn und zum Ende seiner Fahrt ruft der Reisende eine kostenfreie Rufnummer an, wodurch das Handy und damit der Besitzer geortet werden (vgl. Kapitel 3.2.2.1, S. 18). Aus diesen und anderen Informationen wie Netz- und Fahrplandaten ermittelt ein Computer die gefahrene Route"* (siehe Heitmüller 0311, S. 1). Die Abrechnung der Fahrleistungen erfolgt wie bei den anderen Verfahren zum Monatsende.

LITERATURVERZEICHNIS

ALBY 2008
ALBY, Tom: *Das mobile Web*. Müunchen [u.a.] : Hanser, 2008 (zitiert auf den Seiten 16 und 18.)

AUTOR 2009
AUTOR, unbekannt: *Verbrauchs- und Medienanalyse 2009: Basisauswertung*, 2009. http://www.vuma.de/fileadmin/user_upload/meldungen/pdf/VuMA_2009_Basisauswertung.pdf, Abruf: 13.03.2009 (zitiert auf Seite 12.)

BÖHM ET AL. 2008
BÖHM, Andreas ; MURTZ, Bernhard ; SOMMER, Carsten ; WERMUTH, Manfred: Location-based ticketing in public transport. In: WELFENS, Paul J. J. (Hrsg.) ; WALTHER-KLAUS, Ellen (Hrsg.): *Digital Excellence: University Meets Economy*. Berlin, Heidelberg : Springer-Verlag, 2008 (Springer-11643 /Dig. Serial]), S. 67–76 (zitiert auf den Seiten 40 und 43.)

BIEH 2008
BIEH, Manuel: *Mobiles Webdesign: Konzeption, Gestaltung, Entwicklung*. 1. Aufl. Bonn : Galileo Press, 2008 (zitiert auf den Seiten 12, 16, 18 und 19.)

BREYMANN UND MOSEMANN 2008
BREYMANN, Ulrich ; MOSEMANN, Heiko: *Java ME: Anwendungsentwicklung für Handys, PDA und Co*. 2. aktualisierte und erw. Aufl. München [u.a.] : Hanser, 2008 (zitiert auf den Seiten 18, 22, 23 und 24.)

BUSE UND RAJNISH 2008
BUSE, Stephan (Hrsg.) ; RAJNISH, Tiwari (Hrsg.): *Perspektiven des Mobile Commerce in Deutschland: Grundlagen, Strategien, Kundenakzeptanz, Erfolgsfaktoren*. Aachen : Shaker-Verlag, 2008 (zitiert auf Seite 5.)

BUSE UND TIWARI 2008
BUSE, Stephan ; TIWARI, Rajnish: Grundlagen des Mobile Commerce. In: BUSE, Stephan (Hrsg.) ; RAJNISH, Tiwari (Hrsg.): *Perspektiven des Mobile Commerce in Deutschland: Grundlagen, Strategien, Kundenakzeptanz, Erfolgsfaktoren*. Aachen : Shaker-Verlag, 2008, S. 19–115 (zitiert auf den Seiten 3, 5 und 6.)

FERSTL UND SINZ 2006
FERSTL, Otto K. ; SINZ, Elmar J.: *Grundlagen der Wirtschaftsinformatik*. 5., überarb. und erw. Aufl. München : Oldenbourg, 2006 (zitiert auf den Seiten 7, 29, 30, 31 und 36.)

FINKENZELLER 2008
FINKENZELLER, Klaus: *RFID-Handbuch: Grundlagen und praktische Anwendungen von Transpondern, kontaktlosen Chipkarten und NFC*. 5. aktualisierte und erw. Aufl. München : Hanser, 2008 (zitiert auf Seite 21.)

FRANK 2007
FRANK, Jochen: Aufgabenblatt 1 Modellierung. In: *E-Commerce: Skriptum zur Vorlesung (inkl. Aufgabenblatt)*. Lehrstuhl für Wirtschaftsinformatik, insbes. Industrielle Anwendungssysteme an der Otto-Friedrich-Universität Bamberg, 2007, S. 1–10 (zitiert auf den Seiten 31 und 33.)

FRANK 2008
FRANK, Jochen: Exkurs Modellierung. In: *E-Business: Skriptum zur Vorlesung (inklusive Exkurs Modellierung): WS 2008/2009*. Lehrstuhl für Wirtschaftsinformatik, insbes. Industrielle Anwendungssysteme an der Otto-Friedrich-Universität Bamberg, 2008, S. 1–26 (zitiert auf den Seiten 32 und 34.)

FRANK UND FERSTL 2008A
FRANK, Jochen ; FERSTL, Otto K.: Kapitel 1: Einführung. In: *E-Business: Skriptum zur Vorlesung (inklusive Exkurs Modellierung): WS 2008/2009*. Lehrstuhl für Wirtschaftsinformatik, insbes. Industrielle Anwendungssysteme an der Otto-Friedrich-Universität Bamberg, 2008, S. 1–68 (zitiert auf Seite 11.)

FRANK UND FERSTL 2008B
FRANK, Jochen ; FERSTL, Otto K.: Kapitel 2: E-Business-Architekturen. In: *E-Business: Skriptum zur Vorlesung (inklusive Exkurs Modellierung): WS 2008/2009*. Lehrstuhl für Wirtschaftsinformatik, insbes. Industrielle Anwendungssysteme an der Otto-Friedrich-Universität Bamberg, 2008, S. 1–63 (zitiert auf den Seiten 11, 12 und 38.)

FRIEDEMANN UND MATTERN 2003
FRIEDEMANN, Mattern ; MATTERN, Friedemann: *Total vernetzt: Szenarien einer Informatisierten Welt; 7. Berliner Kolloquium der Gottlieb Daimler- und Karl Benz-Stiftung*. Berlin : Springer, 2003 (Xpert.press) (zitiert auf Seite 22.)

GROB ET AL. 2004
GROB, Heinz L. ; REEPMEYER, Jan A. ; BENSBERG, Frank: *Einführung in die Wirtschaftsinformatik*. 5., vollst. überarb. und erw. Aufl. München : Vahlen, 2004 (zitiert auf den Seiten 18 und 19.)

HANSEN 2006
HANSEN, Wolf-Rüdiger: *RFID für die Optimierung von Geschäftsprozessen*. München : Carl Hanser Verlag, 2006 (zitiert auf Seite 21.)

HEITMÜLLER 0311
HEITMÜLLER, Lars M.: *Impulskreis "Mobilität und Logistik": Sicher unterwegs - Projekte für mehr Mobilität: „Ring & Ride": Mobiltelefon als Fahrkarte*. http://www.innovationen-fuer-deutschland.de/pressebuero/pressemitteilungen/detail.php?klasse=16&oid=1772. Version: 03.11.2005, Abruf: 13.03.2009 (zitiert auf Seite 43.)

HÜLSKAMP UND BUSE 2008
HÜLSKAMP, Guido ; BUSE, Stephan: Mobile Ticketing: Perspektiven des Mobile Commerce in Deutschland. In: BUSE, Stephan (Hrsg.) ; RAJNISH, Tiwari (Hrsg.): *Perspektiven des Mobile Commerce in Deutschland: Grundlagen, Strategien, Kundenakzeptanz, Erfolgsfaktoren*. Aachen : Shaker-Verlag, 2008, S. 545–647 (zitiert auf den Seiten 7 und 8.)

KIRN 2002
KIRN, Alexander: *E-Business im Mittelstand; Analysen, Trends, Ausblicke.* Freiburg
[Breisgau] : Noveonpublishing, 2002 (zitiert auf Seite 4.)

KOLLMANN 2009
KOLLMANN, Tobias: *E-Business: Grundlagen elektronischer Geschäftsprozesse in
der Net Economy.* 3., überarb. u. erw. Aufl. Wiesbaden : Gabler, 2009 (Gabler
Lehrbuch). – S. 717 (zitiert auf den Seiten 25, 26, 29 und 30.)

KREYER ET AL. 2002
KREYER, Nina ; POUSTTCHI, Key ; TUROWSKI, Klaus: Characteristics of Mobile
Payment Procedures. In: MAAMAR, Zakaria (Hrsg.) ; MANSOOR, Wathiq (Hrsg.)
; HEUVEL, Willem-Jan van d. (Hrsg.): *First International Workshop on M-Services
- Concepts, Approaches, and Tools, Proceedings of the Workshop at ISMIS'02, Lyon,
France, June 26, 2002* Bd. 61, CEUR-WS.org, 2002 (CEUR Workshop Proceedings),
S. 10–23 (zitiert auf Seite 9.)

LAMMER 2006
LAMMER, Thomas: *Handbuch E-Money, E-Payment & M-Payment.* Heidelberg
: Physica-Verlag Heidelberg, 2006 (Springer-11775 /Dig. Serial]) (zitiert auf
Seite 10.)

LEHNER ET AL. 2008
LEHNER, Franz ; WILDNER, Stephan ; SCHOLZ, Michael: *Wirtschaftsinformatik:
Eine Einführung ; [für Bachelors geeignet].* 2. Aufl. München : Hanser, 2008 (zitiert
auf den Seiten 4 und 25.)

MEIER UND STORMER 2008
MEIER, Andreas ; STORMER, Henrik: *eBusiness & eCommerce: Management der
digitalen Wertschöpfungskette.* 2. Berlin, Heidelberg : Springer-Verlag, 2008
(Springer-11775 /Dig. Serial]) (zitiert auf den Seiten 4, 6, 8, 13, 15, 17, 18
und 19.)

MERZ 2002
MERZ, Michael: *E-commerce und E-business: Marktmodelle, Anwendungen und
Technologien.* 2., aktualisierte und erw. Aufl. Heidelberg : dpunkt-Verl., 2002
(zitiert auf Seite 6.)

POUSTTCHI 0801
POUSTTCHI, Key: *Mobile Payment und NFC: Wo steht Deutschland?: Interna-
tionaler Vergleich und Best Practices auf der MCTA 2009.* http://www.uni-
augsburg.de/upd/2009/2009_002/. Version: 08.01.2009, Abruf: 12.05.2009 (zitiert auf Seite 20.)

POUSTTCHI 2003
POUSTTCHI, Key: Abrechnung mobiler Mehrwertdienste. In: WAHLSTER, Wolf-
gang (Hrsg.): *Beiträge der 33. Jahrestagung der Gesellschaft für Informatik e.V. (GI)
29.9.-2.10.2003 in Frankfurt am Main* Bd. 2. Bonn : Bonner Köllen Verlag, 2003
(GI-Edition : Proceedings ; 35. Beiträge der 33. Jahrestagung der Gesellschaft
für Informatik), S. 408–413 (zitiert auf Seite 8.)

REICHARDT 2008
REICHARDT, Tina: *Bedürfnisorientierte Marktstrukturanalyse für technische Innovationen: Eine empirische Untersuchung am Beispiel Mobile Commerce.* Wiesbaden : Betriebswirtschaftlicher Verlag Dr. Th. Gabler / GWV Fachverlage GmbH, 2008 (Springer-11775 /Dig. Serial]) (zitiert auf Seite 5.)

SILBERER ET AL. 2002
SILBERER, Günter ; WOHLFAHRT, Jens ; WILHELM, Thorsten: *Mobile commerce: Grundlagen, Geschäftsmodelle, Erfolgsfaktoren.* 1. Aufl. Wiesbaden : Gabler, 2002 (zitiert auf den Seiten 8, 9 und 10.)

SPEIDEL UND EBERSPÄCHER 2007
SPEIDEL, Joachim (Hrsg.) ; EBERSPÄCHER, Jörg (Hrsg.): *Wachstumsimpulse durch mobile Kommunikation.* Berlin, Heidelberg : Springer and Springer-Verlag, 2007 (Springer-11775 /Dig. Serial]) (zitiert auf Seite 8.)

ÖSTERLE 1996
ÖSTERLE, Hubert: Business Engineering: Transition to the Networked Enterprise.   In: *EM – Electronic Markets* 6 (1996), Nr. 2, 14-16. http://www.electronicmarkets.org/issues/volume-6/volume-6-issue-2/v6n2_oest0.pdf (zitiert auf Seite 25.)

TIMMERS 1998
TIMMERS, Paul: Business Models for Electronic Markets. In: *EM – Electronic Markets* 8 (1998), Nr. 2, 3-8. http://www.electronicmarkets.org/issues/volume-8/volume-8-issue-2/businessmodels0.pdf (zitiert auf Seite 25.)

TUROWSKI UND POUSTTCHI 2004
TUROWSKI, Klaus ; POUSTTCHI, Key: *Mobile Commerce: Grundlagen und Techniken ; mit 9 Tabellen.* Berlin : Springer, 2004 (zitiert auf den Seiten 15, 16, 17, 20, 23, 27 und 28.)

WIRTZ 2001
WIRTZ, Bernd W.: *Electronic Business.* 2., vollst. überarb. und erw. Aufl. Wiesbaden : Gabler, 2001 (Lehrbuch Lehrbuch) (zitiert auf den Seiten 3, 4, 17 und 29.)

ZLABINGER UND HÖLLER 2004
ZLABINGER, Robert (Hrsg.) ; HÖLLER, Johann (Hrsg.): *Internet und Intranet: Herausforderung E-Business ; mit 11 Tabellen.* 3., überarb. und erw. Aufl. Berlin : Springer, 2004 (zitiert auf Seite 7.)